세 계 복 음 주 의 연 맹 글 로 벌 이 슈

이슬람과
기독교의 교의

The Islamic View of Major Christian Teachings
by Christine Schirrmacher
The Role of Jesus Christ - Sin and Forgiveness

The WEA Global Issues Series Volume 2

Verlag für Kultur und Wissenschaft
(Culture and Science Publ.)
Prof. Dr. Thomas Schirrmacher
Friedrichstraße 38, D-53111 Bonn
Fax +49 / 228 / 9650389
www.vkwonline.de / info@vkwonline.de
ISBN 978-3-938116-64-7

World Evangelical Alliance
www.worldevangelicals.org

International Institute for Religious Freedom
of the World Evangelical Alliance
www.iirf.eu / info@iirf.eu

이슬람 관점으로 학습하기 I
이슬람과 기독교 교의

초판1쇄 2010년 9월 10일
지 은 이 크리스티네 쉬르마허
옮 긴 이 김대옥, 전병희

펴 낸 이 김명철
펴 낸 곳 도서출판 바울

책임편집 황지은 마케팅 기우현 관리 김민숙

주 소 인천시 부평구 십정동 409-27호
영 업 부 032) 431-7792 032) 428-1928(팩스)
총 무 부 032) 427-1719
편 집 부 032) 423-9796
Home www.ubook.co.kr
E-mail cpcubook@hanmail.net
I S B N 878-89-7286-514-8 03230

가격은 뒷표지에 있습니다.

세계복음주의연맹 글로벌 이슈 2

이슬람의 관점으로 학습하기 I

이슬람과 기독교 교의

The Islamic View of Major Christian Teachings

크리스틴 쉬르마허 지음

김대옥 전병희 옮김

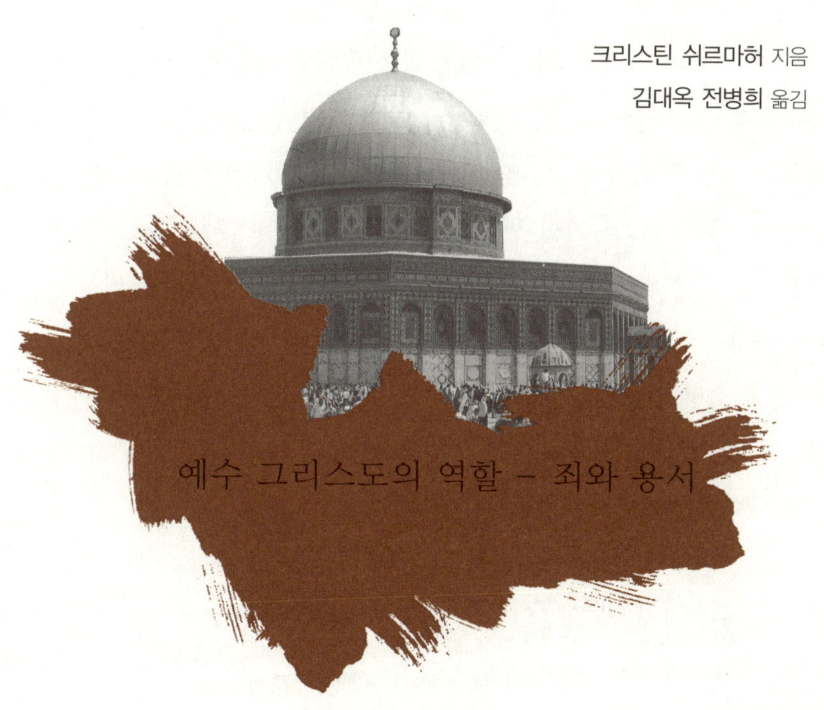

예수 그리스도의 역할 – 죄와 용서

서문

김상복
할렐루야교회 원로목사
세계복음주의연맹(WEA) 회장

작년 여름까지 한국교회는 언론을 통해 가끔 이슬람 종교에 대해 듣기는 했으나 이슬람의 본격적인 한국선교전략에 대해서는 거의 모르고 있었다. 목회자들은 목회에 너무 바빠 이슬람에까지 관심을 둘 여유가 없었고, 신학자들은 각자 연구하고 가르치는 과목들과 저술에도 시간이 부족하고 학회에 다니느라 다른 분야에까지 사용할 시간이 없었다. 일반 성도들은 가정과 교회와 직장에서 개인의 신앙생활에도 쫓기고 있기 때문에 그 외의 다른 종교에 대한 관심을 가질 생각도 기회도 여유도 없었다. 학문적으로 이슬람 연구를 하고 있는 극소수 교수들의 간헐적 언급이 있었으나, 그저 학문적이어서 관심을 끌지 못했고 아무런 자극도 되지 않았다. 한국에는 몇 개의 무슬림 전도를 위한 선교단체들이 있으나 주로 중동지역에 나가 있고, 교계의 무관심, 사역환경과 자원의 부족 등으로 거의 힘을 쓰지 못하고 있었다.

무슬림 지역에 나가서 섬기고 있는 선교사들조차도 무슬림 국가에 가서 언어와 문화를 배우며 그들 속에 살고 있기는 하나 무슬림을 효과적으로 전도해서 결과를 보인 분을 찾기가 너무 힘들다. 이슬람 국가에 나가 있는 선교사들은 그 나라의 정치적 여건상 무슬림 전도가 금지되어 있고 너무도 위험한 상황이기 때문이다. 특히 무슬림 극단주의자들에게 노출되는 경우 즉각 생명의 위험을 당할 것이기 때문에 노력에 비해 그 열매는 거의 미미한 상태이다. 무슬림 국가의 기독교인들을 섬기거나, 아랍어를 공부하거나, 이슬람에 대한 학문적 연구 정도를 넘어서지 못하고 신분을 감추고 살아야 한다. 아랍권 선교사들에게 마음은 있으나 무슬림에게 전도하기는 결코 쉬운 일이 아니다.

무슬림에게 전도하는 것이 현재 가장 어려운 과제이다. 오랜 세월 동안 일반 무슬림들과 한 동네에 살면서 그들의 문화에 익숙하고 소수의 친구들을 사귀며 전도의 기회를 찾아보지만 그 결과는 미미한 상태이다. 무슬림들이 예수께로 돌아오는 경우는 선교사들을 직접적으로 통해서는 별로 이루어지지 않고 있다. 오랜 시간과 장기적 체류를 하고 있어도 무슬림 복음화는 미진하다. 오히려 TV나 라디오나 인터넷을 통한 원거리 선교로 인해 기독교의 신앙에 대한 문의가 많이 들어오고 있고, 이란의 경우 예수를 믿는 숫자가 증가하고 있다.

사실상 무슬림에 대한 한국교회의 관심은 너무 부족했다고 할 수 있다. 작년 여름 SBS TV의 "예수는 신화다"라는 4주 TV 특별기획 프로그램이 방영되어 이제 겨우 눈을 뜨게 되었다. 예수를 비하하고 예수의 역사성에마저 의문을 제기하면서 이슬람을 내세우고 무함마드를 부각시키며 이슬람의 우월성을 노골적으로 전파했다. 기독교인라고 자처하는 PD는 이 프로그램의 객관성을 주장했다. 2년이나 걸려 세계 곳곳을 탐방하면서 만든 이 프로그램의 자금이나 여건으로 볼 때 이슬람의 오일머니가 어떤 형태로든지 개입된 것을 짐작할 수 있다.

역사적 예수를 부인하고 신화로 규정하는 SBS TV의 허황된 이 프로그램은 2천 년 전의 예수를 7세기의 무함마드를 통해 재규정하며 비판했다. SBS는 교회나 목회자에 대한 비판 정도를 떠나, 기독교의 핵심인 예수의 역사성을 분명히 부인하면서도 기독교에게는 대답할 기회도 만들어 주지 않았다. 객관성이 없고 편견으로 가득 찬 허위사실을 TV전파를 통해 많은 사람들이 시청하는 황금시간대에 4주간 동안 연속방영하면서도, 공정하게 예수를 제일 잘 아는 기독교의 견해를 말 할 기회를 주지 않았다. 기독교는 어쩔 수 없이 CTS TV를 통해 4주간 SBS TV 프로그램에 대해 대답을 시도했다. 그러나 SBS방송을 통해 한국 전역에 방송한 파급 결과와 기독교 케이블 TV를 통해 방영한 대응과는 그 결과에 있어서 비교가 되지 않았다. 결국 기독교는 미미한 대답을 할 수 밖에 없었고, 이슬람교는 CTS TV를 대상으로 허위사실을 보도했다고 법적인 대응까지 해서 CTS TV를 묶어놓았고, 기독교의 입을 봉쇄했다.

예수에 대해서는 공공연히 왜곡을 하면서 정당한 기독교의 대답은 제시할 수 없도록 두려움과 고통을 주었다. 나 자신도 CTS TV 프로그램에 출연해 예수님의 제자들이 그 당대에 써놓은 1세기 문서들을 완전히 무시하고 무함마드의 7세기 문서를 들어 예수의 역사성을 부인하는, 어처구니 없는 공영방송의 객관성을 잃은 접근에 대응해 보기도 했다. 기독교계는 강한 배신감과 분노를 느끼면서도 할 수 있는 일은 거의 없었다. 그리고 특히 한국교계에는 이슬람에 대한 전문가가 거의 없다는 사실을절실히 통감하였다.

이 프로그램은 이슬람에 대한 기독교의 눈을 뜨게 했다. 관심을 일으켰다. 그 때부터 한국 내 이슬람의 현실에 대한 연구를 시작하게 되었다. 사실을 알아가면서 많은 놀라움을 느꼈다. 이미 번역자들이 지적한 대로 한국 신학교 프로그램에는 이슬람에 대한 강의도 거의 없었다. 전혀 한국교회는 이슬람에 대처할 아무런 준비도 없다. 기껏해야 이슬람의 역사와 문화에 대한 정보를 소개해 주는 작은 글들뿐이었다. 그저 무슬림을 사랑하고 그들에게 필요한 물리적 도움을 주면 된다는 정도였다.

그러나 샘물교회의 아프가니스탄 봉사팀 사건이 일어나면서 비기독교 사회는 기독교에 대한 강한 비판을 가했다. 무죄한 여행자를 두 명이나 살해한 무슬림들에 대해서는 전혀 비판이 없었고, 의료와 교육을 위해 그들을 섬기러 갔다가 변을 당한 그들과 기독교에게만 모든 비난의 화살을 쏘아댔다. 기독교 지도자들 중에서도 비슷한 비판을 해댔다. 주객이 바뀐 엉뚱한 반응에 놀라지 않을 수 없었다. 무슬림 가해자들은 그냥 두고 엉뚱하게도 피해자들을 죄인으로 만들어 얼굴을 들지 못하게 했다. 사회의 언론들은 반기독교 운동가들과 기독교가 알지 못하는 사이에 이미 폭넓은 토대를 널리 구축한 이슬람 세력의 동조자들과 비판적 타 종교인들이 합세하여 피해자들을 맹공격해댔다.

그 와중에 믿을 수 없는 현상이 한국에서 일어나고 있었다. 기독교 지도자들 가운데도 한국교회는 "공격적 식민주의적 선교"를 하지 말아야 한다며 반 기독교적 비판에 가세하는 분들이 많이 있었다. 한국에는 반기독교 '안티 스피릿' 이 그 때 이후 만연해 지고, 반기독교 극단주의자들은 조직적으로 인터넷에 200여명이 앉아 날마다 상상할 수 없을 정도의 온갖 독설을 담은 반 기독교적 비방을 계속 인터넷에 올림으로써, 반기독교 정서는 사회에 만연해져 갔다. 이 영향은 오늘까지도 지속되고 있다.

그러나 기독교는 아무런 대응을 할 수 없었다. 전혀 무방비 상태였다. 전문가도 조직도 전략도 인적 물적 자원도 아무 것도 준비가 되어 있지 않았다. 그러나 이슬람으로 인한 한국의 위기를 본 소수의 사람들이 관심을 갖기 시작했다. 그 관심은 기독교의 지도급 목회자나 신학자들에서 일어난 것이 아니라 평신도급에서 일어나 한국내의 이슬람에 대한 조사가 시작되었다. 그동안 기독교가 거의 모르고 있던 이슬람의 한국 진출에 대한 자세한 정보들을 얻게 되면서 정보가 증가할수록 더 큰 놀라움을 일으키고 있다. 한국의 이슬람화는 전략적이고 조직적으로 진행되고 있었다는 것이다. 이슬람 국가에서 장학금을 받고 공부한 대학교의 아랍어 교수들이 그 중심에 있었다. 그리고 이슬람 국가들에서 들어온 노동자들, 유학생들, 오일머니를 들고 들어오는 비즈니스맨들과 기업들, 아랍계 외교관들, 심지어 이슬람 국가의 대사들이 적극적으로 앞장서서 한국 정부와 정치인들마저도 압박하며 한국사회에 깊은 뿌리를 내리고 있었다.

한국을 지정하고 앞으로 20-30년 내에 한국을 이슬람화 한다는 전략과 목표를 가지고 전력을 다해 헌신하면서 많은 성공을 이루고 있었으나 한국교회는 전혀 모르고 있었다. 그들의 효과적 전략은 유럽을 통해 배웠고 훈련되어 있어 효과를 거두고 있었다. 오일 머니도 있다. 아랍문화를 학습한다는 명목으로 언론계, 법조계, 공무원, 교육현장, 심지어 모든 대학에 기도처소를 요구하며 파고들고 있다. 유학생들 중 많은 학생들이 공공연하게 선교사임을 주장하고 있다. 심지어 기독교 신학대학원에까지 신학생으로 침투하고 있는 증거마저 드러나고 있다. 교회에 등록하고 성경공부에 참석하고 세례를 받고, 기독교 처녀들과 결혼을 하고, 특히 이슬람을 모르는 한국 여성들에게 접근하여 도발적 성관계를 통해 굴복시켜 결혼을 하고, 이슬람의 일부다처제를 모르는 한국 여성들은 본국에 아내들이 있다는 사실을 뒤늦게 알고 갈등과 고생을 하는 여성들도 하나 둘이 아니다. 아랍권에 직장을 갔다가 무슬림 여자와 결혼을 하고 아이들을 낳아 가정생활을 하고 있는데 아내의 오빠들과 이웃 무슬림들이 개종하지 않으면 아내를 빼앗아 가겠다고 위협하여 강제로 개종한 사례들도 있다.

또 한국에는 아랍어를 아는 사람은 이슬람화 된 아랍어 교수들 밖에 없다. 그들은 대학시험의 제2 외국어로 아랍어 시험을 쉽게 냄으로써 영어, 중국어, 일본어, 독일어, 불어, 러시아어, 스페인어 등 기타 언어를 공부하는 학생들 보다 훨씬 높은 점수를 얻어 대학입시에 유리하게 되자 지금은 절대 다수의 고3 학생들이 아랍어를 선택하며 꾸란을 접하고 있다. 교육부는 이런 사실을 최근에야 알게 되어 아랍어 시험이 다른 언어에 비해 너무 쉽게 출제된 사실을 언론을 통해 인정하고 있다.

크게는 오일머니를 들여와 한국 기업인들에게 빌려주며 혜택을 주기로 하자, "오일머니 맛 좀 보자"는 신문의 기사마저 올라오며 그에 뒤따르는 이슬람의 전략에 미혹되고 있다. 한국사회는 다문화 정책을 선호하며 이슬람이 한국에 미칠 장기적 영향을 모르고 있다. 이슬람 정교일치의 신정독재주의를 보지 못하고 종교와 정치의 부자유, 언론의 부자유, 여성의 인권, 국가의 법을 무시한 샤리아법, 극단적 이슬람으로 인한 심각한 테러와 국가의 안보문제 등을 모르고 있다. 이슬람 국가에서 일어나고 있는 현실적 문제들을 날마다 언론을 통해 눈앞에 보고 듣고 있으면서도, 교계와 사회와 언론과 정부는 이슬람의 확산으로 인해 일어날 수 있는 다가올 한국의 심각한 미래에 대한 대책이 전무한 상태이다.

유럽나라들이 지난 반세기 동안 무슬림의 이민 증가로 인해 경험하고 있는 정치적 사회적인 문제가 우리나라에도 다가오고 있으나 모두 자신들의 일에 바빠 관심을 기울일 수가 없다. 작년 여름부터야 이제 겨우 눈을 뜨기 시작했다. 눈을 떠서 조금씩 보게 되자 상황이 위급함을 의식하기 시작했다. 한국의 이슬람화 과정을 조사해 본 결과는 경악할 만한 상태이다. 한국에는 불교와 유교와 기독교가 있어 상호간 오랜 세월 동안 갈등 없는 평화를 유지해 왔다. 한국의 종교들은 무폭력 평화사상이요, 사랑과 자비와 홍익인간 사상이어서 사소한 충돌은 있었으나 큰 문제없이 여러 종교가 사이좋게 지내온 특유한 나라이다. 이런 한국사회에 꾸란과 무함마드의 하디스를 믿고 가르치는 이슬람의 정교일치사상과, 무력사용 주의와, 자유가 없는 절대종교로 한국사회의 안보와 평화와 인권을 저해할 것은 불 보듯 분명하다. 이미 전 세계 역사와 현실이 분명한 증거를 계속 제시해 주고 있다.

매일 언론 보도를 통해 테러로 파괴와 죽음의 이야기를 늘 듣고 있다. 그러나 우리 사회는 이슬람에 대한 위험 가능성에 대해 아직도 관심이 없다. 얼마 전 안기부가 70명의 알카에다 관계자들을 한국에서 적발해 축출한 일이 보도되었다. 이슬람 인구가 2%가 되면 심각한 사회 문제가 시작한다. 유럽과 세계에서 확증된 사례들이다. 영국 런던 시민의 10%가 무슬림이다. 2천개의 교회들이 모스크화 되고 있다. 영국인들 중 25%가 영국을 떠나 이민을 가고 싶어 한다. 유럽은 이제야 눈을 뜨기 시작했으나 이미 늦었다. 이슬람 문제를 언급하면 화란의 경우처럼 그 국회의원을 길거리에서 살해해 버린다. 루시디의 소설을 번역한 일본 학자도 길거리에서 살해를 당했다. 기독교는 원수를 사랑하라고 가르치나 이슬람은 비 이슬람을 절대로 용납하지 못한다. 꾸란에서는 분명히 죽이라고까지 가르친다.

물론 일반 평범한 무슬림들은 어느 나라의 평범한 시민들처럼 정치나 선교에 별로 관심이 없다. 모든 평범한 사람들과 같이 안전한 직장생활, 행복한 가정생활, 낮은 수준의 종교생활이 전부이기 때문에 종교에 대해 심각하게 문제를 삼지 않는다. 보통 무슬림들은 세계의 대부분의 나라 사람들과 같이 착하고 평화로운 사람들이다. 그러나 이슬람의 꾸란과 하디스에 적혀 있는 이슬람교를 그대로 믿고 있는 사우디아라비아나, 이란이나, 기타 아랍나라들과 그들의 이맘들은 전혀 다르다. 물론 온건한 기독교화 된 무슬림도 없지는 않다. 평화적인 신비주의자들도 있다. 그러나 날마다 일어나는 테러와 죽음, 파괴와 상해는 이슬람 꾸란의 배타적 신앙과 억압과 정치를 그대로 가르치고 있다. 그들에게는 다른 아무런 종교도 문화도 허락될 수 없다. 이슬람 하나만이 있을 뿐이다. 이들은 세계 이슬람화의 목표와 전략을 분명히 하고 있고 그 전략에 따라 세계를 조직적으로 정복하고 있다.

현재의 상태로 계속 간다면 앞으로 30년 후의 유럽은 이슬람화가 될 것이다. 자유민주주의 국가에서는 무엇보다 이민정책으로 인한 인구의 자연적 증가 전략에 밀릴 수밖에 없다. 리비아의 카다피 대통령은 공공연히 '이슬람은 총 한방 쏘지 않고 세계를 정복할 수 있다' 고 호언장담을 했다. 이것은 정확한 예언이다. 이 현상은 현재 전 세계에서 일어나고 있고 그 결과들은 눈이 뜨인 사람에게는 환히 보인다. 한국은 이제야 겨우 눈을 뜨기 시작했다. 한국의 이슬람화에 대한 전략을 이제야 어렴풋이 알게 되었으나 한국교회는 교회의 사역으로 너무 바빠 이슬람 문제에까지 관심을 쏟지 못하고 있다. 전문가의 부족, 이슬람 전도의 비효율성과 자원부족, 연구의 부족, 특히 관심의 부족이 가장 큰 문제이나 아직은 해결의 기미가 보이지 않는다.

최근에 약간의 관심이 일어나 이슬람 문제에 대한 세미나가 열리고 있으나 무조건 사랑하면 된다는 주장과, 현실을 직시하고 대처해야 한다는 의견으로 갈라져 소통의 연속이 없다. 대답은 현실을 직시하고 대처하며 동시에 사랑해야 하는 길이다. 어느 한 가지만의 주장이 아니라 두 가지의 주장과 의견에 접근을 함께 하면서 한국에 들어와 있는 무슬림을 예수께 인도하는 적극적 훈련과 선교가 필요한 시기이다.

이러한 때에, 남편과 함께 독일 복음주의 지도자요 이슬람 전문가인 크리스티네 쉬르마허 박사의 책이 두 분의 목사님들을 통해 번역되어 나오게 된 것을 대단히 기쁘게 생각한다. 특히 이 책은 WEA의 글로벌 이슈 시리즈 중 2권에 속한 것으로 저자는 차분하게 꾸란과 성경을 비교하면서 꾸란이 보는 이슬람의 기독교관을 제시해 주고 있다. 이와 같은 책들이 번역되어 지식적으로 한국교회가 알아야 될 뿐 아니라, 무슬림에 대한 좀 더 현실감 있는 구체적 선교방법을 연구하고 가르쳐 줄 프로그램과 전문가들이 이 땅에 절실하게 필요하다. 이 책이 좋은 도움이 되기를 바란다. 역자 두 분이 다 이슬람을 연구하고 가르치고 계신 분들이어서 기대가 크다. 저 개인으로는 이 책은 지난 WEA총회 당시 저자로부터 기증 받아 이미 읽고 도움을 받았는데, 내용이 대단히 충실하고 정확하고 감정을 뺀 차분한 접근이어서 특히 도움이 된다. 이 책이 한국교회의 눈을 더 크게 뜨도록 자극제가 되기를 바란다.

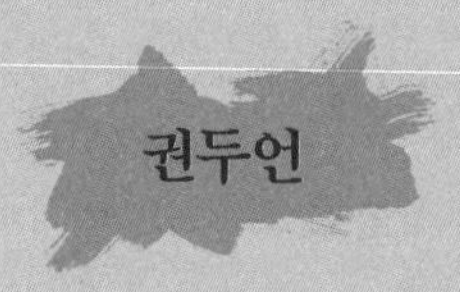

권두언

토마스 쉬르마허 교수

근자에 한국학생들 중 한명이 우리 학교에서 박사과정(Ph.D.)을 마쳤다. 그런데 왜 그가 독일어로 공부했을까? 그는 한국에서 온 선교사이고 무슬림 이주자들 가운데에서 독일의 선교단체와 일하고 있는데, 터키인, 쿠르드인, 아랍인을 대상으로 교회를 세우는 일에 열중하고 있다. 학문에 관하여는 그가 내게 무언가를 배우기를 바랐지만 나도 그에게서 확실히 배운 것이 있는데, 그것은 그가 선교사의 정신으로 여러 외국어를 배우는 데 많은 정열을 기울이고 열심히 공부하는 것을 보여준 것이다. 독일 기독교인들은 대개 거대한 무슬림 이주민 공동체 안에서 일하는 것을 거부해 왔다. 이주민 가운데 전임사역자로 일하는 사람들의 대부분은 해외에서 왔는데, 다른 사람들에게 기꺼이 복음을 전하는 데에는 한국인들이 주된 역할모델이 되고 있다.

지금은 국제화된 세계이다! 한국인이 독일어를 배워서 독일에 살고 있는 터키인들이 관공서에 가야할 때 그들을 도울 수 있다! 그리고 한국 교회가 점점 더 많은 선교사들을 세계 전역에 보낼 때 그것이 무슬림 국가들이 될 수 있고, 세계 대부분 국가들에 있는 무슬림 소수민 지역이 될 수도 있다. 한국에 아직까지 그리 많은 무슬림들이 없다 할지라도 한국 기독교인들은 이슬람에 관한 배경지식에 예리한 관심을 가져야 한다. 무슬림들은 기독교를 어떻게 바라보는가? 기독교인의 신앙에 대하여 그들이 가진 주요한 편견은 무엇일까? 그들이 보는 바람직한 사회는 다른 사람들의 견해와 어떻게 다른가? 크리스티네 쉬르마허는 이 주제들에 대하여 잘 준비되어 있으며 우리를 올바로 이해할 수 있는 길로 인도한다. 그녀는 국제 사역에 헌신된 그리스도인으로서, 극소수의 사람들이 하듯이 출처로부터 무슬림들의 생각을 알기 쉽게 보여준다. 이 책이 한국어로 나오게 되고 한국에 있는 하나님의 교회가 이것을 공부하게 될 것을 생각하니 기쁘기가 한량 없다.

· Thomas Schirrmacher (Dr. theol., Dr. phil., Ph.D, DD)
· Director, International Institute for Religious Freedom (Bonn, Cape Town, Colombo)
· Speaker for Human Rights of the World Evangelical Alliance
· Chair, Theological Commission, World Evangelical Alliance
· Professor of the Sociology of Religion, University of the West (Timisoara, Romania)
· President, Martin Bucer European Seminary and Research Institutes (Bonn, Zurich, Innsbruck, Prague, Istanbul)

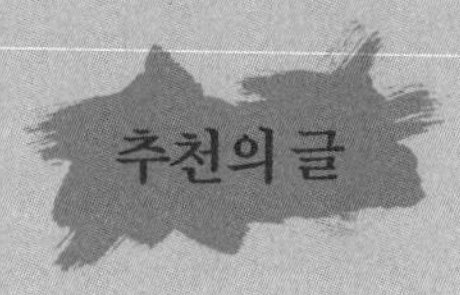

추천의 글

크리스티네 쉬르마허 박사는 이슬람의 복잡성을 분별하는데 세계적인 전문가이다. 세계복음주의연맹(WEA)의 중요한 대변인으로서, 쉬르마허 박사는 기독교인으로 하여금 현 세계의 주요 신앙을 어떻게 해석하고 그들과 어떻게 교전할 것인지를 돕는다. 우리는 그녀의 예지와 통찰에 깊이 감사하고 있다.

세계복음주의연맹(WEA) 글로벌 이슈 시리즈는 복음주의 기독교인 시각에서 우리가 세계적으로 직면하는 가장 큰 도전들 중의 중요한 몇 가지에 대해 주의 깊고 실제적인 통찰을 안겨주기 위해 고안되었다. 이 책을 읽음으로 여러분의 봉사 영역에 도움이 되고 부요함이 더하게 되기를 기대한다.

제프 터니 크릴프 박사(Rev. Dr. Geoff Tunnicliffe)
• Secretary General, CEO
of the World Evangelical Alliance

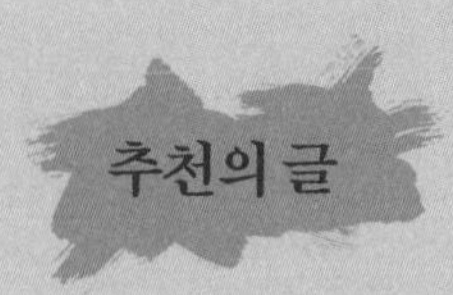

추천의 글

크리스티네 쉬르마허 교수가 쓴 이 책을 추천하게 되어 기쁘다. 나는 쉬르마허 교수의 생애 절반에 걸쳐 그녀를 알아왔다. 이슬람학 철학박사인 쉬르마허 교수는 이슬람에 대한 견실한 학문적 지식과 분명한 사실에 입각한 접근으로 명성이 나있으며, 기독교인으로서, 학자로서 이슬람에 대해 대처해야 할 방향을 잘 제시해 준다. 그녀는 잘못 알려진 과장된 표현을 피하고 정치적인 교정(correctness)에 대한 지나친 집착을 피하고 있으며, 꾸란의 가르침과 하디스에 의한 해석, 무슬림의 주장들, 그리고 다른 한편으로는 각각의 이슈들에 관한 비판적인 학문적 견해와 기독교인의 해석 간에 구분을 잘 해주고 있다.

이러한 점들과 더불어 쉬르마허 교수의 진술의 간결함은 많은 학생들이 이 책을 탐독할 수 있도록 하는 유용한 교과서가 될 것이다. 독자는 이 책을 공부한 후에 기독교인의 주요 교리를 바라보는 이슬람의 관점에 대한 우리 자신의 의견을 형성할 줄 알아야 할 것이다. 독자 여러분의 학습을 돕기 위해 나는 각 장 끝에 학습 질문을 추가하였다. 이 질문들에 답하기 위해 그룹으로 서로 토의해보기를 권하고 싶다! 여러분의 답변을 꾸란과 성경에서 인용하며 차근차근 설명해 보기를 바란다.

크리스토프 사우어 박사(Rev. Christof Sauer. Th.D.)
· Co-Director, International Institute for Religious Freedom of the World Evangelical Alliance
· Lecturer of Islam at Stellenbosch Univ. and other institutions

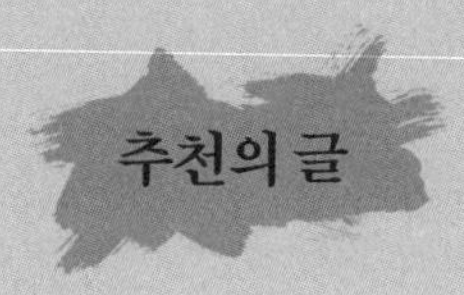

추천의 글

이동주
아세아 연합신학대학교 교수

이번에 크리스티네 쉬르마허의 『이슬람과 기독교의 교의』를 번역 출판하게 됨으로 무슬림 영혼을 사랑하는 선교사들과 또 그러한 후학들이 이슬람에 관해 깊이 이해할 수 있게 되고 무슬림들의 기독교에 대한 시각도 분명하게 파악할 수 있게 된 것을 진심으로 감사하며 기뻐합니다.

이 책은 성경과 꾸란에 나타난 신론, 그리스도론, 인간론, 죄론, 구원론, 심판론 등의 모든 교리를 유사점과 차이점을 잘 분별하면서 이슬람의 실체를 보다 명확하게 파악할 수 있게 합니다. 특히 이 문서는 창조물인 인간에 대한 성경적 하나님의 지극한 사랑과 친교와는 대조적으로, 알라는 지극히 높고 초월적임으로 하나님과의 친밀성을 불경스럽게 여기는 이슬람신앙을 잘 서술하였습니다. 또 이 책은 무슬림들이 왜 예수 그리스도가 하나님의 아들이라는 것을 믿지 못하는지, 왜 예수 그리스도의 죽음과 십자가를 통한 대속의 사건을 부정하는지에 대한 이유를 명확하게 진술해 주었습니다.

그리고 성령의 감동으로 기록된 성경말씀을 무슬림들이 물질적이고 지극히 합리적인 시각으로 이해해보려고 하는 문제점을 잘 보여주었습니다.

특별히 저자는 현대무슬림들의 반 기독교적 시각의 원인을 서구의 불신앙적인 학술연구와 고등문서비평과 그 가설들에 의해서 무슬림들의 "성경변질론"과 기독교에 대한 "거짓종교관"이 더욱 확고해졌다고 주장합니다. 교회는 오직 하나님의 영광과 영혼구원을 위해서 초점을 두고 모든 일을 행해야 할 것을 실감나게 지적해주고 있는 것입니다.

저자는 또 우리 교회가 위와 같은 무슬림들의 도전에 별로 관심을 보이지 않고 있다는 것을 지적하고 있습니다. 그는 "기독교 신학이 무슬림 변증가들에게 거의 이의제기를 해오지 않았다"는 것과 "그들의 주장들에 이의를 제기하는 건전한 문헌들이 거의 없다"는 것을 아쉬워합니다. 추천인은 이 책을 읽는 분들 중에서 변증적인 문서를 출판해 주시기를 바라고 있습니다.

이 책을 읽으며 한 가지 지적하고 싶은 점은, 제 3장: "꾸란과 성경의 비교"와 제 11장: "꾸란과 무슬림 신학에 나타난 예수 그리스도"의 본문 중에서, '꾸란의 "영"(ruh)' 은 '알라 자신의 영'이 아니라 'soul'이나 "가브리엘 천사"와도 동일시되는 피조물인데, 단순히 "알라의 영"으로 spirit이란 단어를 사용함으로써 ruh(spirit에 해당하는 의미)가 마치 "성령" 내지 알라 자신의 영인 것처럼 전달될 수도 있다고 봅니다. 이 점을 유의하시면서 읽으면 이해하는데 더욱 도움이 될 것이라 생각합니다.

세계 이슬람 공동체는 전 아프리카 대륙의 이슬람화를 시도한 후, 유럽의 이슬람화를 꾀하고 있고, 이제는 한국을 도구로 아시아를 이슬람화 하려는 계획을 추진하고 있습니다. 그래서 한국의 무슬림 리더들은 사법계와 경제계에 열심히 이슬람법(샤리아) 도입을 위해 강연 등으로 활약하고 있고, 특별히 교육열이 높고 문맹이 없는 한국을 아랍어교육을 통해서 이슬람화 하려는 목적으로 교육선교를 차분히 진행하고 있습니다. 한국 교회는 세계 무슬림들의 수적 증가에 압도당하거나, 알라를 한국의 주인으로 모시지 않을 것입니다. 한국과 한국교회의 주인은 살아계신 우리 주 예수 그리스도이심을 고백합니다. 이에 동의하시는 모든 영적 지도자들과 헌신자들은 이 책을 필히 읽어보시고, 이슬람의 실체와 그들이 보는 기독교가 무엇인지를 밝히 알고, 무슬림영혼을 진심으로 사랑하고 구원할 수 있는 놀라운 지혜와 방법을 얻으시기 바랍니다.

추천인은 오늘날 무슬림 영혼들에게 기독교 복음을 효과적으로 전파하고 싶어 하는 선교사들과 선교지망자들에게 필독서로 이 책을 추천합니다.

이 문서를 저술한 크리스티네 쉬르마허 교수님과, 이 문서를 번역한
김대옥 목사님과 전병희 목사님께 중심으로 감사드리며 축하드립니다.

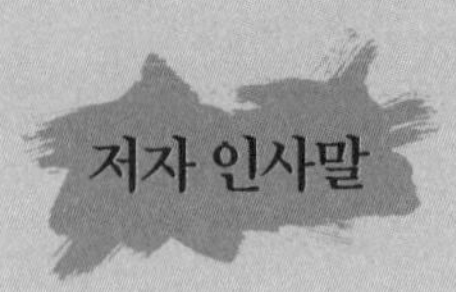

저자 인사말

100년 전 "선교의 세기"(missionary century)가 시작되던 무렵에 선교사역의 중심(gravity center)이 서구, 즉 유럽과 북아메리카에 설립되었습니다. 그 후로 사정이 얼마나 많이 변했는지요! 오늘날은 가장 많은 수의 기독교인들이 지구의 남반부(대부분이 아시아와 아프리카)에 살고 있습니다.

그런데 그곳에는 또한 많은 무슬림들이 함께 살아가고 있습니다. 이 현실을 직시하면서 이 중에 얼마나 많은 무슬림들이 예수 그리스도의 복음을 접하고 있을까 생각해봅니다. 이슬람은 정치적인 의미뿐만 아니라 선교사역에도 세계 곳곳에 있는 우리 교회들에 다가오는 세계적인 도전입니다.

이러한 시점에서, 그들 무슬림들에게 복음의 메시지를 전하기 전에 우리는 먼저 그들이 가지고 있는 생각과 신학을 이해할 필요가 있다고 생각합니다. 그리스도 안에서 한국 교회의 형제자매 여러분과 이 부분에 대해 서로 나눌 수 있게 되어 참으로 기쁩니다. 이해와 더불어 그리스도의 복음을 들고 세상에 나가서 그것을 나누면서 여러분께 주어진 귀한 특권을 진정으로 누리시기를 바라며, 이 귀한 번역 프로젝트를 계획하여 완수하신 두 분 사역자께 깊은 감사를 드립니다.

사랑과 감사의 인사를 드리며,

크리스티네 쉬르마허

역자서문

세계복음주의연맹(WEA)은 100개 이상의 국제기관들이 함께 연합한 128개국에 있는 교회들의 네트워크로, 4억 2천만 명 이상의 복음주의 기독교인들에게 세계적인 정체성과 발언, 강연 등을 내도록 결성한 복음주의연맹이다. 이 연맹은 예수 그리스도를 위해 민족 제자화의 비전을 품고, 이를 완수하도록 지역교회를 강화하며, 특히 선교, 종교의 자유, 여성, 신학, 청년, 정보 기술 분야에 지원과 조정의 임무를 감당하고 있다. WEA의 "종교의 자유 국제연구소"(International Institute for Religious Freedom. IIRF)는 2008년에 WEA 글로벌이슈 시리즈(1권: 인간의 권리; 3권: 기독교인과 법정; 4권: 이슬람과 사회; 5권: 기독교인의 핍박)를 내었는데 본 책은 이 시리즈의 2권에 해당하는 것으로, WEA에서 이슬람에 관한 공식 언론가요 자문가로 활약하는 크리스티네 쉬르마허 교수께서 저술했다.

쉬르마허 교수는 이슬람학 전공으로 박사학위를 취득한 이슬람 전공자로 대학에서 이슬람학을 가르치며, 독일복음주의연맹(German Evangelical Alliance)의 이슬람연구소(Institut für Islamfragen)의 대표로, 이슬람에 관한 심도 깊은 학술저널 "Islam and Christianity"와 더불어 수많은 이슬람 관련 전문서적들을 내었다. 쉬르마허 교수는 본서에서 기독교의 핵심교리를 이슬람이 어떻게 이해하고 있는지를 이슬람의 경전을 통해 분석하고, 기독교 복음주의적 입장에서 어떻게 대처해야 하는지에 대해 간결하고도 명확한 방향을 제시해주고 있다.

역자는 무슬림의 시각에서 그들이 기독교를 어떻게 이해하는지, 그리고 그러한 이해를 가지고 접근하는 무슬림에게 우리 기독교에서 어떻게 대응할 것인지를 바로 다룬 이 책자를 보고, 한국의 독자들이 무슬림의 생각을 제대로 읽을 수 있도록 하자는 취지에서 번역의 필요성을 느끼게 되었다. 한국교회가 무슬림을 대하기 위해서는 우선 그들의 생각을 이해해야 하고 그들의 관점을 그들의 경전과 언어로 먼저 이해해 보는 것이 필요하다. 그런 면에서 이 책자는 우리 기독교인에게 많은 통찰과 도움을 안겨줄 것이다.

해외 선교지보다도 신학이 고도로 발달한 한국의 신학교에, 아직까지도 이슬람을 학과목으로 가르치는 학교를 찾아보기 힘들고, 이슬람을 부분적으로라도 다룰만한 비교종교학도 드문 현실을 보게 된다. 세계적으로 신학과 선교분야에 큰 이슈가 되고 있는 이슬람을 각 신학교에서 하나의 교과목으로 개설하여 이슬람에 대한 개론을 가르치고, 무슬림 사역에 대한 실제를 가르치는 실천적인 과목도 체계적으로 개설되어야 할 필요가 있다. 이 책은 이슬람 개론 과목에 적절히 사용될 수 있는 교재나 참고자료로 긴요하게 쓰일 수 있을 것이다.

한국의 각 교단 교회와 선교단체는 현장 선교사와 수습 선교사들에게 이슬람에 대해 구체적으로 가르쳐야 한다. 무슬림이 압도적인 지역의 국가들에서 사역하는 사역자들뿐만 아니라, 세계 어느 나라 지역이든 이슬람은 그 상황에 맞게 그들의 종교를 확산시키고 있다. 우리는 이 책과 같은 교과서의 기본적인 내용을 익히면서 각자의 처한 상황에 배운 것을 잘

접맥하여 적용하는 기술이 필요하다.

크리스토프 사우어 박사께서 각 장의 학습을 돕기 위해 간략한 '학습 질문' 을 마련해 주었다. 학급에서나 성경공부그룹, 교회 구역, 남여전도회, 청년부 등에서 각 장을 그룹으로 같이 읽은 후, 각 장마다 주된 학습 질문을 가지고 서로 토의해 본다면, 각 주제들에 대한 통찰력을 얻게 되고 다음 단계로 나아가기에 유익하리라 믿는다.

역자 드림

CHAPTER

01

이슬람이란?

The Islamic View of Major Christian Teachings

"이슬람"(Islam)이란 용어는 알라(Allah. 문자적으로 'The God'을 뜻하는 아랍어 *알 일라*, al-ilāh)께의 복종, 항복, 또는 헌신을 의미한다. "무슬림"(Muslim)은 알라께 복종하고 의무적인 이슬람의 법과 계율에 복종하는 자를 일컫는다. 무슬림들은 "이슬람"(Islāh)이란 용어가 아랍어(s-l-m이란 문자들)로 '쌀람' (salāh)과 동일한 어근을 갖고 있다고 하며 이 "쌀람"은 평화, 안녕(행복), 혹은 구원을 의미한다고 주장한다. 무슬림의 견해에 따르면 꾸란은 하늘에 있는 원본계시가 정확한 사본으로서 내려 보내진 것이다. 무슬림은 천사 가브리엘이 무함마드에게 꾸란의 내용을 전하였다고 믿는다. 그러므로 꾸란의 본문 전체가 최고의 권위를 갖는다.

무슬림의 의견에 따르면, 무함마드는 예수 그리스도에 의해 이미 예고된 자로서, 아담과 아브라함, 모세와 다윗을 뒤따르는 가장 중요한 예언자일 뿐만 아니라 역사 속에서 최후의 예언자이다. 무슬림의 눈에 무함마드(그의 이름은 '찬양을 받는 자'를 의미한다)는 알라의 사자(messenger)였으나, 그는 단지 한 인간이었을 뿐이다. 비록 꾸란에 예수를 제외한 모든 예언자들이 죄를 범했다고 언급하고 있음에도, A.D. 632년 무함마드가 죽은 지 오랜 후에 무슬림 신학자들은 무함마드를 포함한 역사 속의 모든 예언자들이 죄가 없다는 교리를 발전시켰다. 무함마드 또한 알라께 용서를 구하였지만(무함마드-수라 110:3; 48:2; 아담-7:23; 노아-11:47; 아브라함-14:41; 모세-28:16; 다윗-38:24). 이 모든 예언자들이 죄가 없다는 교리는 오늘날의 무슬림 신학에서 일반적으로 수용된다.

무함마드의 생애

무함마드의 생애에 관하여 우리에게 전해진 믿을만한 역사적 사실은 거의 없다. 그는 A.D. 570년에 아라비아 반도에 있는 메카라는 도시에서 태어났는데 꾸라이쉬(Quraish) 부족의 바누 하쉼(Banu Hashim) 가문에 속해 있었다. 무함마드는 여섯 살의 어린 나이에 고아가 되었고 조부 압둘 무딸립(Abd al-Muttalib)에 의해 양육되었지만, 압둘 무딸립은 불과 몇 년 후에 죽고 무함마드는 그의 삼촌 아부 딸립(Abu Talib)과 같이 살게 되었다.

A.D. 6세기에 아라비아의 베두인 부족들은 수많은 신들과 악령들을 숭배하였다. 돌들과 나무들, 그리고 샘들은 신들이 머무는 거처로 간주되었고 희생제와 봉헌물이 규칙적으로 드려졌다. 동물들은 신성한 장소들에서 도살되었고, 그 동물들의 피가 돌들 위로 흘러내릴 때 사람들은 용서를 받는다고 믿었다. 적어도 아라비아 부족들 중의 일부는 창조주인 최고의 신을 예배하였는데, 그 신의 이름이 '알라'('the god' 혹은 'the goddess'. 아랍어로 *알-일라*. al-ilāh 혹은 *알라*. al-lāh = 'the god', 'the divinity')였다.

무함마드는 스물다섯의 나이에 무역상의 과부였던 마흔 살의 하디자(Hadāja bint Huwaylid)의 남편이 되었다. 하디자는 새로운 이슬람 신앙을 받아들인 무함마드의 첫 개종자가 되었다고 전해지는데, 그녀는 무함마드가 악령들 혹은 마귀들에 사로잡혔다고 결론을 내렸던 다른 사람들의 의견에 동의하지 않았다. 이 같은 결론은 처음에 무함마드 자신에게 일어난 일에 대해 그 자신이 애초에 느낀 것이었다 한다. 하지만 하디자는 무함마드가 히라(Hīra)산의 동굴에서 명상하는 동안 그가 경험한 그 느낌들과 강한 인상들이 알라의 메시지라는 믿음을 갖고 남편인 무함마드를 격려하였다.

무함마드는 그의 동족들이 복종하고 뉘우칠 수 있도록 알라께서 그에게 설파하고 권고하라 이르신 것들을 선포해야 했다. 무함마드의 메시지는 최후의 심판이 임박했다고 경고하는 것이었다. 꾸란과 무슬림 전통이 말해주는 것처럼, 그 후로 무함마드는 자신이 천사 가브리엘을 통해 알라로부터 메시지를 받았고 알라의 예언자로 선택받았다는 결론에 이르렀다. 그 때 이후로 무함마드는 그의 백성들에게 경고하고 알라의 계시를 아랍세계에 제시해야 했다. 아랍어로 '까라아' qara'a)는 '읽으라' 혹은 '낭송하라'라는 의미이고, '꾸란'(Qur'an)은 '제시되거나 낭송된 메시지'이다. 초기 메시지들에서 무함마드는 다음 두 개의 주요 이슈들에 집중하였다.

- 하늘과 땅의 창조주, 전능하신 알라 오직 한 분이 존재할 뿐이다.
- 두려운 심판을 피하기 위해서는 뉘우치고 알라께 복종해야 한다.

무슬림들은 무함마드가 A.D. 632년에 죽기까지 알라로부터 더 많은 계시들을 받았다고 믿는다. 그의 '계시들'(revelations)이라 믿어진 모든 본문들이 114장(수라. surah)의 꾸란 본문으로 요약되고 이해 된 것은 그의 사후 오랜 세월이 지난 후였다. 이 114개의 장들은 길이에 따라 순서가 정해져 있기 때문에, 꾸란의 시작 부분에 가장 긴 장들이, 그리고 끝부분에는 가장 짧은 장들이 배열된 것을 보게 된다.

무슬림들에게 꾸란은 축자영감(verbal inspiration)으로 계시된 알라의 말씀으로, 영원한 권위를 갖는다. 똑같은 방식으로 무슬림 전통(하디스. hadīh – 무함마드와 그의 가장 가까운 추종자들이 특정한 상황 속에서 말했고 행하기로 결정한 것에 대한 이야기들)은 꾸란 본문 자체가 그러한 것처럼 알라로부터 동일한 권위를 갖는 것으로 간주된다. 무슬림들이 참된 전통들로 간주하는 전체 전통의 본문(body)은 여섯 개의 방대한 하디스 수집물로 구성되어 있다. 무슬림 전통들은 민속 이슬람(folk Islam)의 실행들과 결합하여 무슬림의 일상적인 삶에 꾸란 보다도 자주 더 많은 영향력을 행사한다.

학습 질문

- 이슬람에서 모든 것이 돌아가게 하는 중심축(meta-centre)은 무엇인가? 그리고 그 주축을 움직이게 하는 요소는 무엇이며, 또한 기독교 신앙의 경우는 어떠한가?

CHAPTER

02

무슬림들은 무엇을 믿나?

이슬람에 대한 기본 사실들

The Islamic View of Major Christian Teachings

무슬림의 사고에 따르면 이슬람(Islam)이란 단어는 꾸란에 계시된 알라와 그분의 뜻에 '헌신' 또는 '복종'함을 의미한다. 무슬림은 알라께 '복종하는' 사람으로, 그분께 감사를 표해야 하고 무슬림 전통뿐만 아니라 꾸란에 있는 명령들을 수행해야 한다.

무슬림들은 꾸란이 알라로부터 인류에게 내려 보내졌으며, 천사 가브리엘을 통하여 예언자 무함마드에게 전달된 것으로 믿는다. 꾸란은 하늘에 있는 원본계시(모경〈母經〉. "The mother of all scripture")의 충실한 사본이기에 신적인 권위를 갖는다. 무함마드는 역사상 최후의, 그리고 가장 중요한 예언자("예언자의 봉인"〈The seal of the prophets〉. 수라 33:40)로 여겨진다. 그의 전임자들은 아담, 노아, 아브라함, 야곱, 모세, 욥, 사울, 다윗, 솔로몬, 스가랴, 세례 요한, 그리고 무함마드의 도래를 예고했다는 예수 그리스도였다고 한다.

이슬람에 의하면 이 모든 예언자들은 이슬람의 선포자들이었고 항상 하나의 동일한 메시지를 선포하였다. 하지만 그들의 메시지가 선포된 후, 사람들은 재빨리 이슬람을 떠나 신적으로 영감된 경전들(scriptures)에 있는 계시들을 왜곡하였고, 예언자들의 경고와 질책을 내던져버리고, 다시금 우상숭배로 돌아갔다.

그때 알라는 이슬람의 '순전한' 메시지를 새롭게 설파하고 사람들로 하여금 전능하신 그분께 다시 복종하도록 다른 예언자를 보냈다. 이슬람에 따르면 기독교인들은 그들이 받은 원래의 메시지를 왜곡하였는데, 예수를 하나님이라 하거나 하나님의 아들이라 하고 마리아를 '하나님의 어머니'로 숭배하였다. 이는 기독교의 삼위일체 신앙에 대한 꾸란의 이해를 나타내는 것이다.

이슬람의 선포자 무함마드

무함마드('찬양을 받는 자'를 의미한다)는 알라의 예언자와 사자로 나타나 보이지만, 초자연적인 능력을 소유하지 않은 평범한 인간일 뿐이었다. 무함마드가 죽은 이후, 무슬림 신학자들은 무함마드와 다른 모든 예언자들이 도덕적으로 완전한('죄가 없는') 것으로 간주해야 한다는 교의를 발전시켰다. 꾸란 자체가 무함마드를 포함한 모든 예언자들이 자신의 실수와 실패를 용서받기 위해 알라와 어떻게 변론하였는지를 묘사하고 있는데도 불구하고 말이다(7:23; 11:47; 14:41; 28:16; 38:24; 110:3; 48:2; 9:43; 94:2). 단 하나의 예외는 예수 그리스도로, 꾸란에서 그분의 죄나 실수에 관한 보고를 찾아볼 수 없다. 이 "죄 없는 예언자들"의 교리는 10세기 동안에 생긴 것으로 추정되는데 오늘날 이슬람 신학에서 일반적으로 널리 받아들여진다.

유감스럽게도 무함마드의 생애에 관해 역사적으로 신뢰할 수 있는 기록이 거의 없다. 그는 A.D. 570년에 아라비아 반도에 위치해 있던 메카에서 태어나 꾸라이쉬(Quraish) 부족의 바누 하쉼(Banu Hashim) 가문에 속하였다. 무함마드는 일찍이 어린 나이에 고아가 되었고 그의 할아버지 압둘 무딸립(Abd al Muttalib)에 의해 양육을 받았는데, 몇 년 후 그의 할아버지가 죽자 삼촌 아부 딸립(Abu Talib)에게 맡겨졌다. A.D. 6세기 아라비아의 베두인(Bedouin) 부족은 매우 다양한 신들과 영들, 그리고 악마들을 믿었다. 돌들과 나무들, 그리고 물 샘들은 신들의 거주지들로 생각했는데, 그들은 희생제(예를 들어, 동물들)를 통해 그 신들을 달래야 했다. 영들과 악령들은 선견자들(seers)에 의해 영향을 받을 수 있었고, 그들 스스로 선이나 악으로 인간사에 영향을 줄 수도 있었다. 적어도 아라비아 부족들 중의 하나는, 추가적으로 창조주로서의 최고의 하나님(asupreme God)을 믿었는데 그들은 그분을 '하나님'(The God. 아랍어로 *'알 일라'* al- ilah 혹은 *'알라'* Allah. = The God 혹은 The Divinity)으로 숭배하였다.

무함마드가 스물다섯 살이 되었을 때 상인의 과부였던 하디자(Hadija bint Huwaylid)와 결혼하였는데, 그녀는 무함마드보다 열다섯 살이나 더 많았다. 하디자는 무함마드의 첫 추종자로, 무함마드가 마흔의 나이에 동굴에서 명상하면서 받은 메시지가 무함마드가 생각한 대로 귀신에 사로잡힌 징후가 아니라, 임박한 심판의 날에 관한 경고들이요, 뉘우치도록 하는 책망들과 명령들을 포함하는 알라의 메시지로써 그에게 전해진 것이라고 격려한 장본인으로, 그에게 매우 강력한 느낌과 인상을 갖도록 하였다. 꾸란과 이슬람의 전통에 의하면, 나중에 무함마드는 그가 백성들에게 경고자요 예언자로서 알라의 계시들을 '가르치거나'

(instruct) '낭송'(recite. 아랍어로 *까라아*. qara'a, 이러므로 Qur'an이라 부르게 됨) 하라고 명령한 자가 천사 가브리엘이었다는 확신을 얻었다고 한다.

무함마드의 가장 초기 메시지들은 한 분 전능하신 알라, 천지와 사람들과 동물들을 지으신 창조주, 그리고 심판에 의해 갑작스레 예상치 못하게 압도당하지 않도록 알라께 복종하게 하는 엄격한 명령을 선포하는데 집중하였다.

A.D. 610년 무함마드가 그의 고향 메카에서 처음으로 그의 동족에게 나아갔을 때, 그에게 관심을 보인 이들은 불과 몇 명의 추종자들뿐이었고, 오히려 그에게 조소하며 그의 사명에 대해 거부하고 공개적인 적의와 핍박을 가해오는 것을 경험하였다. A.D. 622년 가을에는 상황이 더 위협적이 되어, 그와 적은 무리의 추종자 그룹은 야트립(Yathrib. 나중에 메디나로 개명)이라 하는 인접한 도시로 도주하게 되었다. 이 사건은 히즈라(hijra. 이주를 의미)로 묘사되는데, 이슬람력(歷)의 시작으로 이슬람의 원년('0' 년)을 나타낸다.

메디나에서 무함마드는 여러 아라비아 부족 구성원들뿐만 아니라 기독교인들과 세 개의 거대한 유대인 부족들을 포함한 공동체에서, 정치적인 세력 싸움들이 발전하는 배경을 등에 업고, 급속도로 증가하는 그의 추종자들의 무리에 대해 종교적 지도자로서 뿐만 아니라 점점 더 스스로를 군사적인 지도자로 자처하는 것이 가능하게 되었다. 그는 추종자들을 데리고 여러 전투에 참전했는데(대부분 그가 이겼다), 특히 메디나의 세 유대인 부족들을 대적하였다. 무함마드는 그의 생애 말년에 메디나와 그 전 지역의 가장 중요한 세력의 통치자로서의 지위를 획득했을 뿐 아니라, 죽기 직전에 짧게 그의 고향 메카에 돌아와서 이슬람 이전 시기에도 이미 예배들 드렸던 카아바(Ka'ba)를 순례했다. 이것 또한 그의 종교적이고 정치적 지도자로서의 인지도를 증가시켰다.

무함마드는 계속적으로 여러 주제들(법에 관한 질문들, 알라와 관련된 계시들과 그분의 행동들, 남성과 여성의 역할, 범죄와 형벌, 유산상속에 관한 규정들)에 관한 계시들을 받았다. 하지만 이 계시들은 무함마드 사후 수십 년이 지나기까지 수집되지 않아, 완전한 꾸란 본문으로 형성되지 않았다. 그의 여러 계승자들(caliphs)을 포함한 '편집팀'이 114장으로 배열하여 편찬한 것으로 보이는데, 주제에 따라 분류하지 않고 각 장의 길이에 따라 긴 것으로부터 짧은 장의 순서로 배열하기로 결정하였다.

꾸란과 이슬람 전통들의 중요성

무슬림이 보는 관점에서 꾸란은 영감을 통해 축자적으로 전해 내려진 알라의 말씀으로, 모든 곳에 있는 모든 사람들에게 구속력을 갖는다. 하지만 꾸란 뿐 아니라 이슬람의 전통들(아랍어로 *하디스*, hadith)도 신적인 권위를 갖는데, 이는 무함마드의 사후에 무슬림 학자들이 발견하고 수집한 이야기들로, 여섯 개의 방대한 수집물(하디스 모음집)로 분류되었다. 이 전통들은 종교적 축제들과 복장, 음식, 일상적인 행위, 처벌과 법적 문제들(상속과 혼인법, 재산법, 종교적 책임들), 여성의 지위와 같은 것들에 관한 훈령들뿐만 아니라 종교적 의무들(이슬람의 다섯 기둥들을 지키는 것, 즉 신앙고백, 기도, 금식, 희사금, 그리고 성지순례)에 관한 개인적인 훈령들을 포함한다.

그 가르침은 짧은 설명들과 사례들을 통하여 무함마드와 그의 가장 가까운 신봉자들이 어떤 상황과 질문들에서 어떻게 생각하고 행동하였는지, 그리고 그들이 무슨 결정들을 하였는지를 보여준다.

법과 관련된 문제들에 관하여, 무슬림 권위자들에 의해 참된 것(즉 무함마드 혹은 그의 가장 가까운 추종자들로부터 기원하는)으로 인정되어온 전통들과 가르침들은 모든 세부사항에 있어서 꾸란 자체가 그러하듯이 강제적이다. 이슬람에 속한 민족들의 종교적인 실천들(적어도 구전으로 전해진 많은 지식들)과 더불어, 실제로 그 전통들은 꾸란보다 일상생활에서 더 큰 영향을 미치는데, 이는 꾸란이 아랍어로 기록되고 많은 전문 용어를 포함하여 소수에 의해서만 학습되고 이해되기 때문이다.

이슬람의 다섯 기둥들

무슬림들은 알라를 한 하나님, 영원하고 전능하고 자비하시며, 하늘과 땅의 창조주로 믿는다. 그리고 알라가 예언자 무함마드를 보낸 것은 그분의 최종적인 행동이라고 믿는다. 알라는 창조주일 뿐만 아니라 각 개인의 심판주이다. 최후의 심판에서 모든 사람이 '돌아가게 될'(수라 30:12) 때, 각 사람은 그의 창조자요 보존자이신 분께 책임을 져야 할 것이다. 이 심판에서 각 사람은 어느 누구나 낙원(paradise)에 들어갈 수 있다는 희망의 근거로써, 꾸란에 반복적으로 언급되어 있는 그의 '믿음과 선한 행위들'에 따라 심판을 받게 될 것이다(예를 들어, 수라 2:25; 11:23; 13:29; 18:107; 22:56; 32:19; 34:37; 85:11). '선한 행위들'은 먼저 그리고 우선적으로, 이슬람의 다섯 기둥들(Five Pillars of Islam. 사춘기가 시작되는 나이로부터 모든 남녀에게 구속력 있는 의무 사항)을 지키는 것이다.

1. **신앙고백 낭송**(*샤하다*. shahada) : 알라 외에 다른 신은 없으며 무함마드는 그의 메신저이다.

2. **의식적인 기도**(*쌀라트*. salat) : 하루에 다섯 차례 메카를 향해 기도하는 시간으로 의식적인 세정, 정해진 기도 내용, 규정된 복장, 그리고 부복(바닥에 무릎을 꿇고 납작 엎드리는)을 지킨다.

3. **자선을 베풂**(*자카트*. zakat) : 대략 수입의 2.5%가 가난하고 궁핍한 사람들에게 주어진다.

4. **라마단 달에 행하는 30일 금식**(*싸움*. saum) : 백색실과 흑색실을 구분할 수 있는 충분한 일광이 있는 한 음식과 음료, 향수, 잡담, 담배, 그리고 성교로부터 매일 금욕을 한다(수라 2:187). 금식의 달은 금식을 종결하는 '이드 알 피뜨르'(Id al-fitr)라는 이틀간의 축제로 마무리된다.

5. **메카로의 순례**(*핫지*. hajj) : 적어도 일생에 한번은 수행해야 하는 것으로 순례를 위해 정해진 달 동안에 행한다. 순례를 위한 자세한 의식들

은 동물을 도살하는 의식적인 동물 희생제(*이드 알 아드하*. Id al-adha)와 동시에 고기를 분배하는 것으로 마무리되어야 한다. 이 부분은 순례자들이 행해야 하며 집에 있는 사람들도 마찬가지이다.

하지만 그 이슬람의 다섯 기둥들을 충실하게 지켰다 할지라도 자신이 알라를 참으로 기쁘게 하였는지, 그리고 그의 삶의 종국에 낙원에 들어갈 수 있을지는 여전히 불확실한 상태에 있다. 이슬람은 신앙과 동등한 기초 위에서 실행된 행동들을 강조하며, 그리고 무슬림 신학이 구원에 있어서 알라의 예정된 판결을 미리 아는 것은 그분의 전능성을 제한하는 것으로 보기 때문에, 거기에는 심판 날의 구원에 관한 의심의 요소가 남아있다. 이슬람은 언제 그의 선행들이 저울에 올려질지, 그리고 악행의 추(錘)가 더 무게가 나갈는지 아무도 알 수 없다고 가르친다. 꾸란에 있는 알라의 자비에 관한 진술들은 죄인 개인을 위한 어떤 선명한 약속을 포함하는 것이기보다는 알라를 묘사하기 위해 사용된 일반적인 표현들로 보인다.

그의 자비와 은총의 속성들과 나란히 그의 무한한 능력이 드러나 보여야 하는데, 바로 그 능력이 심판에서 예정된 판결이 무엇인지를 제시하는 것을 불가능하게 한다. 알라는 적격여부를 판결하는데 있어서, 어느 개인에게든 완전히 자유롭게 행동하기 때문이다.

따라서 개인들에 대한 그의 판결들은 미리 결정될 수 없는 것인데, 이는 마치 그렇게 함으로써 알라의 통치권을 제한하고, 그분으로 하여금 특정 과정에만 행동하시도록 제한하는 것과 같게 된다.

낙원에 들어갈 수 있는 유일하게 확실한 길은 지하드(jihad. 알라를 위해 투쟁하는 것)에서 순교자로 죽는 것이다. 믿음을 위해 싸우다 죽은 자는 즉시 낙원으로 들어간다는 약속이 있기 때문이다(수라 2:154; 47:4-6을 보라).

학습 질문

• 무슬림이 믿어야 하는 핵심적인 믿음조항들은 무엇이며 기독교의 핵심적인 믿음조항들은 무엇인가?

CHAPTER

03

꾸란과 성경의 비교

The Islamic View of Major Christian Teachings

성경과 마찬가지로 꾸란은 아담과 그의 아내가 낙원에서 계율을 어긴 것과, 모세와 이스라엘이 홍해를 건너가는 이야기를 하나하나 열거한다. 또한 꾸란과 성경은 우리에게 예수와 마리아, 그리고 세례 요한에 대해 말해주지만, 비슷하게 들린다고 해서 동일한 내용과 의미를 갖는 것은 아니다. 성경과 꾸란 간의 그리고 무슬림과 기독교인의 강령 사이에 있는 가장 현저한 유사점들과 차이점들 중의 일부를 살펴보도록 하자.

1. 하나님/ 알라	
무슬림과 기독교인은 하늘과 땅의 창조주이시고 각 개인의 창조주이신 한 하나님/알라를 믿는다. 하나님/알라는 그분의 뜻을 거룩한 책에 기록하여 내려 주셨다. 심판 날에 그분은 모든 사람을 불러 결산하게 하실 것이다.	
꾸란	**성경**
1. 알라는 우주의 창조주이고 각 개인의 창조주이지만 그는 초월적이다. 즉 그는 피조물과 분리되어 있다. 창조주와 피조물 간의 연결은 없다(55:1-78; 6:100-101).	1. 하나님은 자신의 형상대로 인간을 창조하셨고 인간을 그분의 상대자(counterpart)로 만드셨다. 그분은 자신의 특성을 창조 안에 계시하셨다. 예수는 하나님과 인간 사이의 가교이다(요 1:14-15).
2. 알라는 자녀가 없다. 예수를 하나님으로 예배할 수 없으며, 삼위일체를 믿는 것은 다신숭배이다. 한 하나님보다 더 많은 신을 예배하는 것은 이슬람에서 가장 악한 죄로, 용서받을 수 없다. 오직 한 하나님(Allah는 '하나님'〈'the God' 혹은 'the goddess'〉을 의미)만 존재하기 때문이다(5:72-73+75; 4:171-172).	2. 하나님의 유일한 아들(Son)은 예수 그리스도이다. 예수는 지상에 인간으로 오셨고, 그분 스스로(Himself) 하나님이시다. 아버지, 아들, 그리고 성령은 단 한 분이신 삼위일체 하나님이다(요 1:1-2).
3. 알라는 예수 그리스도의 아버지가 아니다. 그는 전능하고 자비로운 하나님이다. 꾸란은 기독교인들이 세 신들(하나님, 예수, 마리아)을 예배한다고 고발한다. 이것은 무함마드 당시의 기독교인들이 그에게 묘사해 준 삼위일체에 대한 인식이었다(9:30-31).	3. 하나님은 예수 그리스도의 아버지이시고 그분의 자녀들의 아버지이시다(롬 8:15-17). 삼위일체는 아버지와 아들과 성령으로 이뤄진다. 마리아는 단지 인간이었을 뿐이고 삼위일체에 속하지 않는다(마 28:19).

<table>
<tr><th colspan="2">2. 예수</th></tr>
<tr><td colspan="2">꾸란과 성경은 하나님/알라께서 이스라엘에 보낸 예수에 대해 말한다. 성경과 마찬가지로 꾸란은 예수를 '그리스도'라 부른다. 그는 동정녀 마리아에게서 태어났고, 이스라엘을 신앙에로 초청했고, 하늘로 승천했으며, 세상의 끝에 지상으로 다시 오실 것이다.</td></tr>
<tr><th>꾸란</th><th>성경</th></tr>
<tr><td>1. 예수는 알라가 그의 말씀(있으라! 'Be!')으로 창조했는데, 알라의 능력으로 마리아에게 옮겨졌다. 예수는 단지 한 인간일 뿐이다(3:59; 5:75; 5:116-117).</td><td>1. 예수는 마리아를 통해 성령으로 잉태되었다. 그분은 한 인격(Person) 안에서 참 인간이고 동시에 참 하나님이시다(눅 1:35).</td></tr>
<tr><td>2. 예수는 역사상 가장 탁월한 예언자들 중의 한 사람이었으나, 무함마드는 '예언자들의 인장'(33:40; 61:6)으로 최후의 예언자이다. 무함마드의 도래는 모세와 이사야에 의해 구약에 이미 예고되었다. 신약성경에서 예수는 스스로 무함마드를 예고한다(2:67이하; 7:157).</td><td>2. 예수는 구약에서 예언된 구주와 구속자로서 세상에 들어오셨다. 하나님의 아들로서 그분은 보혜사 성령의 도래를 예고한 가장 높은 예언자이다(요 14:16). 무함마드는 성경에 예고되지 않았고, 하나님의 예언자에 대한 성경적 요구들을 충족시키지 않는다(행 10:43).</td></tr>
<tr><td>3. 예수는 십자가에 못 박히지 않았고 부활하지 않았다. 십자가형은 예수께 굴욕적인 패배를 의미한다. 그가 십자가에서 죽었을지라도 그는 인류에게 구속을 가져오지 못했을 것이다. 꾸란은 예수의 삶의 끝에 일어난 일을 명확히 진술하지 않는다. 알라가 그의 대적들의 면전에서 하늘로 데려갔을 것이다. 그 후에 다른 사람이 예수 대신에 십자가에 못 박혔다(4:157-158).</td><td>3. 예수는 그분의 아버지의 뜻대로 십자가상에서 죽으셨다. 그분은 무덤에 장사되었고 제 삼일에 죽음에서 부활했다. 이로써 그분은 죄와 죽음을 이기고 승리하셨고, 인류의 대표로서 구속을 이루셨다(벧전 1:18-19).</td></tr>
</table>

3. 죄, 믿음 그리고 용서	
꾸란과 성경은 둘 다 하나님을 믿어야 하는 것과 그분의 계명에 따라 살아야 하는 것이 하나님의 뜻임을 강조한다. 만일 사람이 그 계명들을 어기고 죄를 범하게 되면, 하나님의 자비를 통해 용서를 받을 수 있다. 꾸란과 성경은 믿는 자들에게 영생을 약속한다.	
꾸란	**성경**
1. 아담은 낙원에서 금지된 과실을 먹음으로 죄를 지었으나, 인간은 이 불법을 통해 알라와의 친교로부터 끊어지지 않았다. 이슬람에는 타락도 없고 원죄도 없다(2:35-39).	1. 아담은 낙원에서 하나님의 계명을 어기고 금지된 과실을 먹음으로 범죄했다. 이로써 그는 이 세상의 모든 인류에게 죄와 죽음과 하나님으로부터의 분리를 가져왔다. 하나님과의 화해는 오직 예수의 죽음을 통해서만 가능하다(고후 5:18-19; 롬 3:20).
2. 인간은 항상 선을 행할지 악을 행할지를 결정할 수 있다. 그는 알라의 계명들에 복종함으로써 그리고 선한 행위들을 함으로써 알라를 기쁘시게 할 수 있다. 만약 그가 알라의 계명들을 어기고 죄를 범하면, 이는 알라에게 영향을 주거나 미치지 않는다. 제일 먼저 인간은 그 자신을 거슬러 죄를 짓는 것이다(7:19-25; 7:23).	2. 인간의 본질은 타락 이후에 악하게 되었다. 그는 속죄하기 위하여 아무 것도 할 수 없다. 만약 그가 하나님의 법을 지키려고 노력한다면 그것은 심지어 그를 더 깊은 죄 속으로 몰고 갈 것이다. 그의 혼자만의 죄들이 늘 하나님께 대항하게 한다(롬 3:10-12, 20; 시 51:6).
3. 믿음은 알라의 존재를 믿고, 그를 향하여 감사하며, 그의 계명들에 복종하는 것을 의미한다(2:177).	3. 믿음은 자신의 죄인 됨과 저주를 깨닫는 것, 예수 그리스도를 통해 자신을 위해 준비된 구속을 받아들이는 것, 그리고 성령의 능력으로 하나님의 계명을 따라 사는 것을 의미한다(행 9:1-18).
4. 참회하는 죄인은 알라의 용서를 얻기를 바란다. 꾸란은 알라의 자비와 은총을 반복적으로 찬양하지만, 자기 자신의 경우에 있어서 죄인은 그가 용서를 얻을 것인지 확실히 알지 못한다. 그는 현재의 삶과 그의 죽음 이후 낙원에 들어갈 것인지 확실히 모른다. 알라는 너무 전능해서, 인간은 알라의 태도와 인간을 어떻게 대하실지 예측할 수 없다(7:156; 3:31).	4. 참회하는 죄인은 하나님이 분명히 그의 말씀에서 그렇게 하실 것이라 약속하였기에 하나님이 그에게 용서를 베푸실 것을 확실히 안다(요일 1:9). 누구든지 예수의 죽음에 의지하고 그분의 용서를 받아들이는 자는 영생의 확신이 있다(요 1:12; 요일 3:1).

4. 하나님의 말씀 그리고 성령	
무슬림들과 기독교인들은 하나님/알라의 진짜 영원한 말씀이 그분의 거룩한 책에 저장되었다고 믿는다. 하나님/알라의 말씀은 하나님/알라께서 과거에 어떻게 인간과 역사를 창조하였는지 우리에게 말해준다. 오늘날 하나님/알라의 말씀은 사람들에게 그들의 삶과 믿음을 위한 방향을 제시한다. 하나님의 성령(Spirit)은 인류를 위한 하나님의 계시에 기여한다.	
꾸란	성경
1. 꾸란은 순전하고 변질되지 않은 알라의 말씀이고 하늘에 있는 원본계시의 진정한 사본이다. 꾸란과 대조적으로 구약과 신약성경은 시간이 지나면서 변질되었다. 꾸란은 꾸란과 차이가 나는 구약과 신약성경의 모든 것들을 바로잡는다(2:2; 2:97-98; 43:2-4; 2:83).	1. 성경은 진정으로 믿을 수 있는 하나님의 말씀이다. 성령은 그것의 기록을 감독하셨다. 성경은 어느 것에 의해서도 변질될 수 없고 영원히 하나님의 유용한 말씀으로 남는다(계 22:18).
2. 꾸란은 가브리엘 천사의 중개를 통하여 직접적으로 무함마드에게 계시되었다. 무함마드 자신의 인격은 이에 아무 역할도 하지 않으므로 꾸란의 진실성은 보장된다(26:192-194).	2. 다양한 인격들이 성령에 의해 영감을 받아서 성경은 그들의 특징들을 보이는 거울이다. 성경 기자들의 개성은 성경의 개별 책들에서 뚜렷하게 나타난다(딤후 3:16).
3. 알라의 영은 역사 속에서 특정 개인들에게(모세에게 토라, 다윗에게 시편, 예수에게 복음서, 그리고 무함마드에게 꾸란) 내려 보내진 성경의 계시에 참여했다(16:102). 단지 각각의 개인들(예를 들어, 예수)은 그 영(Spirit에 의해 강해졌으나(2:87; 5:110), 그 영)은 또한 신자들을 강하게 한다(58:22).	3. 성령의 위격(Person)은 하나님 자신이고 삼위일체에 속한다. 그분은 사람들에게 죄와 죄책감을 깨닫게 한다. 오순절에 성령은 모든 육체에 임하셨다. 그 성령(Spirit)은 신자들 안에서 영적 은사들과 영적인 열매들을 자라게 한다(창 1:26; 요 14:16; 갈 5:22).

결론

처음 얼핏 보면 이슬람과 기독교는 창조주 하나님과 마지막 심판, 영원한 삶, 그리고 영원한 죽음에 관하여 여러 공통점들이 있는 것처럼 보인다. 아담과 노아, 아브라함과 모세와 다윗, 그리고 요나와 같은 구약성경의 인물들이 꾸란에도 등장한다. 심지어 예수 그리스도와 성령이 무슬림의 거룩한 책에 언급된다. 예수 그리스도는 꾸란에서 '알라의 말씀', '알라의 영' 그리고 '메시아'로 불린다. 그러나 이 유사점들만을 강조하는 것은 두 종교들의 피상적인 이해만을 반영하는 것이다. 특별히 예수 그리스도에 대해서는 꾸란과 성경 간의 중요한 차이점들이 분명해진다.

성경의 증거에 있어서 예수 그리스도는 예언자일 뿐만 아니라 하나님의 독생자인데 반해, 꾸란에서는 예수의 아들 신분을 명확히 부정한다. 구약과 신약 성경이 예수의 고난과 십자가상에서의 죽음이 원죄 아래 팔린 사람들을 구속하는데 필수적이었다고 진술하는 반면에, 꾸란은 예수가 십자가에 못 박힌 것을 부인하고, 또한 원죄와 인류를 위한 구속의 필연성을 거부한다. 십자가형과 구속, 하나님의 아들됨, 그리고 삼위일체는 성경교의학의 모퉁이 돌들이지만 꾸란은 이를 기독교 세계의 탈선이요 심지어 신성모독으로 본다.

성경은 예수 그리스도가 하나님의 아들이심을 믿는 사람들과 그분의 십자가상에서의 대속적인 희생을 받아들이는 사람들이 영원한 생명을 상속할 것이라 증거하는 반면에, 꾸란은 무함마드가 알라의 최후의 예언자였으며 꾸란이 바로 그 진리라고 믿는 사람들만이 영원한 생명을 상속할 것이라 명확히 진술한다. 무슬림들에게 거룩한 삼위일체(꾸란에서 가르치는 대로 아버지와 아들과 마리아)를 믿는 기독교인들의 믿음은 다신숭배의 죄인 가장 악한 죄를 범하는 일이다.

학습 질문

- 성경과 꾸란의 가르침 사이에 있는 유사점들과 차이점들의 특성을 묘사해 보자.

CHAPTER

04

알라 - 사랑의 하나님?

꾸란에 나타난 알라의 이미지

꾸란은 하나님의 특성들에 관해 조직적으로 묘사한 구절이 하나도 없다. 아랍어로 그는 '알라'로 불리는데 그 의미는 단순히 '하나님'(The God)이다. 구약성경이 하나님을 "나는 스스로 있는 자"(I am who I am. 출 3:14)란 말들로 소개하는 것과 달리, 꾸란에서는 자신을 그렇게 소개하지 않으며, 감추어진 하나의 불가사의로 남아있다. 꾸란에서 그는 그의 창조로부터 완전히 분리되고 그의 피조물과도 전혀 비교될 수 없는데, 그 이유는 "그와 같은 분은 없기"(42:11) 때문이다. 왜냐하면 알라는 불가사의여서 어느 누구도 그에 대해 상상하거나, 혹은 그가 어떻게 생겼는지에 대해 그림을 그려보려는 것은 불가능한 일이며, 그러한 시도는 금지되어있다.

무슬림은 다만 알라의 이름들과, 꾸란에 묘사된 알라의 속성들과, 그 분이 인간을 어떻게 취급하는지를 알 뿐이다. 꾸란의 메시지의 중심은 오직 알라 한 분이고, 그분과 견줄 것이 아무것도 없다는 것이며, 다른 아무 것과도 비교되어서는 안 된다는 것이다. 이 교리는 타우히드(tauhid. 알라의 유일성)라 일컬어진다. "그분은 오직 한 분이신 영원하신 하나님이시다! 그분은 낳지도 않고 스스로 태어나지도 않으신다! 그와 같은 분이 없다!"(수라 112:1-4).

이 알라는 세 영역으로 특징 지워지는데, 창조와 유지, 그리고 심판이다. 꾸란은 태초에 알라가 세상과 인류를 창조했다고 기록한다. 세상의 끝에 각 개인은 심판을 받을 것이며, 전능하시지만 자비하신 알라로부터 공정한 보상을 받을 것이라 한다. 그분은 전지하셔서 아무것도 알라로부터 감출 것이 없을 것인데, 심지어는 "땅에 떨어지는 나뭇잎"(수라 6:59)까지도 모르시는 것이 없다. 알라는 진실로 실재하며, 초월적이고, 전능하며, 무소부재하며, 변함이 없으며, 결코 죽지 않으며, 영원하고 창조되지 않은, 모든 것을 알고, 능력에 있어서 제한이 없는 한 분 알라이시다. "그분은 낳지도 않고 태어나지도 않는다. 그분은 측량할 수 없고, 가리개로 가릴 수도 없다. 그들은 그를 이해하려고 노력하지만 그분을 파악할 수 없다. 그분은 사람이 측량할 수 없고, 어떤 피조물이라도 어느 영역에서도 그와 비교될 수 없다."[1] 오늘날 이슬람에서는 알라가 99개의 이름들을 가지고 있다는 개념이 등장했는데, 이데 이로써 신자가 그를 예배할 수 있다는 것이다.

심판주 알라

이슬람 신앙의 시초에 무함마드는 다가오는 심판의 날에 심판주로서의 알라를 선포하였는데, 그 날에 모든 사람은 예외 없이 그들의 행위와 믿음에 대해 결산을 받게 될 것이었다. "(심판의) 시간은 확실히 올

1) al-Ash'ari. Maqalat al-islamiyyin. Cairo 1950, I, S. 216-217, quoted from Johan Bouman. Gott und Mensch im Koran. Wissenschaftliche Buchgesellschaft, Darmstadt, 1977/1978, p. 3.

것이다. 의심할 여지가 없다”(수라 40:59). 세상의 끝날 알라께서 정한 시간에, 산 자와 죽은 자가 알라께 ‘되돌아와 서게 될’ 것이다. “그리고 알라께로 돌아갈 날을 예비하라. 그때에 각인은 그가 행한 것에 대해 공정한 보상을 받을 것이다! 그들은(인류는) 부당하게 심판받지 않을 것이다”(수라 2:281). 왜냐하면 알라는 절대적으로 공정하게 심판하실 것이기 때문이다. 책에 기록된 각 개인의 행위들은 천칭에 달릴 것이다. 진실로 믿은 무슬림들은 낙원에 들어갈 것이나 반면에 불신자들은 영원히 지옥에 떨어질 것이다.

전능자 알라

알라의 전능(omnipotence. 무한한 힘. all-powerfulness)은 꾸란에서 알라의 가장 중요한 특성들 중의 하나이다. 꾸란은 무력한 다른 신들이 어떻게 비교될 수 있겠느냐고 자주 강조한다. 꾸란 22장 73-74절에 의하면 모든 다른 신들은 함께 힘을 합해도 파리 한 마리도 창조할 수 없는 반면, 전능하신 분은 하늘과 땅 그리고 각 개인을 창조하신 분이다. 인류는 알라의 전능한 힘을 인정하고, 피조물로서 창조주를 인정하며, 그분을 섬기고 그분께 복종하며 그분을 믿으며, 그분의 끊임없는 자비에 대해 그분께 마땅한 감사와 찬양을 드려야 한다.

비록 초월적인 알라와 그분께 창조된 죽을 수밖에 없는 운명을 지닌 인간과는 비교도 접촉도 있을 수 없다할지라도, 알라는 인류가 알라에 관한 지식을 얻도록 허용하였다. 비록 이것이 그분의 위격이나 본질에 관한 지식이 아닐지라도 말이다. 왜냐하면 알라가 그의 초월로부터 벗어나 인간의 눈앞에 보이게 되거나, 혹은 인간의 방식으로 그 자신을 계시하기 위해 세상으로 들어온다는 것은 생각할 수 없는 것이기 때문이다. 그래서 알라는 가브리엘 천사를 통해 그분의 말씀을 보내었고, 가브리엘 천사는 그것을 개별 예언자들에게 보여주었다. 그리고 예언자들은 알라의 메시지를 인류에게 전달했다. 이와 같이 알라의 계시들이 내려 보내진 것이다.

알라의 계시와, 역사를 통하여 알라가 인간을 다루는데도 불구하고, 알라와 인간 사이에는 다리를 놓을 수 없을 심연이 놓여있다. 하지만 "알라는 우리의 바로 경정맥보다 더 가깝다"(수라 50:16)고 기록하듯이 알라는 인간과 매우 동떨어진 것을 의미하지는 않는다. 그러나 그 표현은 알라의 무소부재를 강조하고자 한다. 또한 "그분은 신자의 친구"(수라 3:68)라는 표현은 알라의 인간에 대한 자비를 강조하지만, 어떤 방식으로든 알라가 그의 피조물들 중의 어느 것과 무언가를 공유한다는 의미를 전달하려는 의도가 전혀 없다.

이와 비슷하게, 알라에 대해 '아버지'란 표현을 쓰려는 어떠한 시도도 꾸란의 메시지와는 전혀 조화되지 않는데, 이는 꾸란의 메시지가 알라의 유일성과 그분이 어떤 피조물과도 견줄 데 없다는 것을 강조하기 때문이다. 또한 알라를 예수 그리스도의 아버지로 묘사하거나 그에게 종속된 누구의 아버지로 묘사하는 것에 대해, 이슬람은 이러한 기독교의 개념을 순전히 육체적인 의미에서 '하나님의 아들들' 혹은 하나님의 '아버지 됨'(Fatherhood)처럼 해석하고, 삼위일체의 개념뿐 아니라 그와 같은 어떠한 표현들도 단호하게 거절한다. 삼위일체에 대하여 꾸란은 알라 이외에 (무함마드의 동족 아라비아 주민들의 다신숭배적인 종교들에 속한) 다른 신들을 예배하는 것으로 본다.

꾸란과는 별도로, 알라는 피조세계에서 인식될 수 있는 '표지들'(signs)을 통하여 인간에게 말씀하시며, 과거에는 예언자들을 통하여, 하나님이 백성들을 어떻게 다루셨는지에 관한 기사들을 통하여 말씀한다. 이 표지들과 더불어 소위 알라의 '부르심'은 인간에게 미쳐서 믿음으로든 불신으로든 응답하게 한다. 꾸란에서 예언자 노아가 "알라를 섬기고 그분을 두려워하며 나에게 복종하라"(수라 71:3)고 한 말은 그의 동족들에게 대한 모범적인 도전이다.

꾸란의 수많은 구절에 언급된 알라의 전능성은 모든 영역들과 종교들을 망라한다. 알라는 세상과 동물들, 인간, 영들, 그리고 천사들뿐만 아니라 선과 악을 창조하셨다. "지상에서 일어나는 재난과 너희에게 일어나는 것은 알라께서 그것을 드러내기 전에 이미 기록된 것이라. 실로 그것은 알라께 쉬운 일이라"(수라 57:22). 왜냐하면 "알라께서 정하신 것만 우리에게 일어날 것이기 때문이다."

알라는 각 사람에게 죽음의 시간을 정하신다. "그러나 알라께서는 그의 정한 때가 이르면 어느 누구에게도 유예를 주지 아니하신다"(수라 63:11). 결국 사람들로 믿게 하거나 불신하게 하는(causes) 분은 알라이다. "누구든지 알라께서 인도하시고자 하는 자에 대하여 알라는 그들의 가슴을 이슬람을 향해 열었으며, 또한 알라께서는 방황하도록 버려두시고자 하시는 자에 대해서는 그들의 가슴을 좁게 제한하시는데, 비록 그가 하늘로 올라가야 했을지라도 말이다. 이렇듯 알라께서는 믿음을 거역하는 이들 위에 벌을 내리신다"(수라 6:125). 그 어투는 꾸란 7장 179절에 한층 더 분명하다. "많은 영마와 사람들이 지옥을 위해 창조되었다." 왜 모든 사람들이 무슬림이 되지 않느냐 하는 질문에 대한 꾸란의 대답은, 그것이 그분의 뜻이 아니기 때문이다. "비록 주님이 그것을 바랄지라도 세상의 모든 사람이 참으로 믿겠느냐? 너희는 백성들로 강요하여 믿게 하려 하느냐? 알라께서 그것을 허락하지 아니하시면 아무도 믿을 수 없다"(수라 10:99-100).

동시에 꾸란은 각 개인이 심판의 날에 그의 믿음이나 믿음의 부족에 대해 설명을 하도록 소환될 것임을 강조한다. 각 개인은 그것이 선한 것이었든 나쁜 것이었든 간에 지상에서 행한 그의 행위에 대해 공정한 보응을 받을 것이다. "알라께서는 인간이 수행할 수 있는 그 능력 이상으로 짐을 지우지 않으신다. 모든 사람은 자신이 받아야 할 것을 받을 것이요, 자신이 초래한 벌을 받을 것이다"(수라 2:286). 이 분명하게 양립할 수 없는 입장들이 꾸란에 존재한다. 즉 신앙이든 불신이든 간에, 인간의 책임과 각 개인에 대한 예정된 알라의 뜻이 있는 것이다. 개인은 그의 불신이나 죄에 대하여 알라께 그 책임을 지울 수 없고, 신실한 무슬림이 낙원에 들어가는 것이 허락될 때 이것은 알라의 자비 때문이다.

운명예정에 관한 이러한 꾸란 구절들은 그의 동족들로 인한 무함마드의 곤경을 반영하는 것처럼 보일 수 있다. 유일하신 전능한 알라께로 돌아오라는 그의 초청과 함께, 무함마드는 이슬람 이전 아라비아에 있던 전적으로 숙명적인 당시의 종교들로부터 돌아서고 있었다. 동시에 그는 또한 12년 동안 설파하는 사이, 그의 메시지에 대해 아무런 주의도 기울이지 않은 메카와 메디나 사람들의 계속된 고집과 저항을 어쨌든 설명해야 했다. 이와 같이 꾸란에서 우리는 인간에게 주어진 책임뿐만 아니라 알라의 절대적인 능력과 그의 법령들의 예정된 성격 사이의 관련성을 보게 된다.

알라가 전능하시고, 또 아무도 참으로 그의 본성을 이해하고 알 수 없듯이, 개별 무슬림은 알라의 자비와 은총이 그에게까지 미칠 것인지, 혹은 그의 마지막 날에 알라로부터 거절을 당하고 지옥행이 선고될 것인지를 확실히 알 수 없다. "주님은 나를 창조하셨으며 나를 인도하시는 분도 그분이시다. 나에게 음식과 마실 것을 주시며 내가 아플 때 건강을 회복하도록 해주신다. 또한 나를 죽게 하시고 다시 부활시키시는 분이다. 또한 심판의 날에 그분이 나를 용서 하실것을 희망한다"(수라 26:78-82).

알라는 은혜로우시고 자비로운 분으로, 나아가 관대하고 용서하는 분으로 묘사되지만, 무슬림 개인은 죽음 이후에야 그의 죄 용서에 대한 어떤 확신을 얻게 될 것이다. 그의 심판에 대해 알라의 결정을 예고하는 것은 그분의 능력에 한계를 두는 것이다. 알라의 행동은 예측할 수 없다. 그렇지 않다면 알라는 인간의 기대와 상상에 맞추어졌어야 했을 것이다. 아무것도 그리고 아무도 알라께 영향을 줄 수 없고, 그분은 아무에게도 책임이 없다. 또한 꾸란의 알라는 교활한(cunning) 신이다. 그는 최상의 계략들(tricks)을 생각해낸다고 반복해서 기록하고 있다. 꾸란 13장 13절은 말한다. "알라는 책략으로 가득 차 있다"(문자적으로, "알라는 책략들〈tricks〉/속임수〈deception〉에 강하고 능력이 있다"). 그리고 "불신자들은 교활한 속임수들을 생각해내지만, 알라께서는 모든 자들 가운데서 최상으로 그것을 행하신다"(수라 8:30).

창조주 알라

알라가 하늘과 땅과 인간을 창조했다는 흔하고 일반적인 관찰과는 별개로, 꾸란은 6일 동안 완성된 것으로 창조를 묘사하는 41장 9-13절을 제외하고는 창조에 관해 구약성경에서 자세히 기록한 내용들을 포함하지 않았다. 먼저 알라는 이틀에 걸쳐 한 형성체로부터 하늘과 땅을 창조하시고, 땅 위에 산과 강과 식물들을 배치하였다. 그리고는 물로 여러 동물들을 창조하고 그들을 다스리도록 인간을 창조하였다. 하지만 꾸란의 어느 곳에서도 구약성경(창 1:21)에 강조된 것처럼 하나님이 인간을 "그분의 형상대로" 만들었다는 언급을 찾아볼 수 없다. 이는 어떤 방식으로도 인간과 비교될 수 없는 알라의 위대성과 독특성에 양립할 수 없기 때문이다. 또한 꾸란 40장 57절은 하늘과 땅의 창조를 인간의 창조보다 '더 위대한 경이'로 묘사한다. 이와는 대조적으로, 구약에 있는 창조 이야기는 인간을 창조의 정점으로 묘사한다.

꾸란은 (창조에 관한 성경의 설명과 일치하게) 전 인류가 한 쌍의 인간으로부터 유래한다고 기록한다(수라 6:98). 아담은 한 덩이의 진흙에서 형성되었다. 알라는 "있으라!"(Be! 아랍어로 *꾼!* "Kun!") 하고 말씀하셨고, 아담은 창조되었다(수라 3:59). 알라의 창조의 말씀이 사물들을 발생하게 하였다. "알라께서 무언가를 결정하면, 그는 다만 '있으라(Be)!' 하고 말씀하시고, 그때 그것은 생겨나게 된다."

창조를 마친 후 알라는 일곱째 하늘에 있는 천사가 태어난 보좌로 올라가 거기에서 영원한 영역들을 통치한다. 더 낮은 하늘들에는 해와 달, 그리고 별들이 있다. 가장 낮은 단계의 하늘에는 천사들의 회의를 악한 영들이 엿듣지 못하도록 방어하기 위해 한 파수꾼이 지키고 서있다(수라 37:1-9). 알라는 낮과 밤의 연속을 창조했다. 해와 달은 낮과 밤에 빛을 비추고, 규칙적인 코스를 통해 인간에게 시간을 측정하는 수단을 준다(수라 10:5). 알라는 기둥이 없이 하늘들을 버티게 하심으로 지상으로 떨어지지 않도록 한다(수라 22:65). 꾸란은 알라가 창조 후에도 피곤치 않아서 (성경의 하나님과 대조적으로) 휴식을 취하지 않았다는 것을 강조한다. "우리는 하늘과 땅을 창조하였고 6일 동안 중간 중간에 모든 것을 창조하였으나 우리에게 아무런 피곤함이 없었다"(수라 50:38). 알라는 피로를 느끼지 않고 잠도 필요로 하지 않는다. 알라는 무슬림들에게 안식일을 지키라고 요구하지 않으며, 그래서 오늘날까지 무슬림 세계에서는, 비록 금요일이 특별한 위상을 가지기는 하지만 정식으로 주중에 휴식의 날이 없다. 어떤 국가들에서는 이전에 유럽인의 식민지화의 결과로써 일요일이 휴일로 소개되었다.

알라는 인간을 '추종자들'(followers) 혹은 '대리자들'(representatives. 아랍어로 *칼리파*. khalifa)로 지상에 세우고, 그들에게 세상의 것들(goods)을 다스릴 수 있는 권세를 주면서 그가 번성하도록 허락하고, 그의 짧은 생애 동안에 세상의 것들을 위임하였다. 그러나 이것들을 관리하는 방식에 대해, 그리고 그가 알라를 '모든 것들을 제공하시는 분'으로 인식하는지에 대해 그의 생애의 끝에 알라가 책임을 물을 것이다. 세상에서 가난뿐 아니라 부유하게 되는 것이 알라의 뜻임을 꾸란에서 분명히 읽을 수 있다. 부유한 자와 가난한 자는 둘 다 알라를 창조주로 그리고 그것을 부여하시는 분으로 인식하여야 하며, 알라는 각 사람이 스스로 어떻게 행동하는지를 보기 위해 삶의 환경들을 통해 그를 시험한다(수라 6:245의 예를 보라). 알라가 공급하는 것은 인간이 알라를 창조주로 깨달을 수 있도록 하는 한 징표이다. "구름으로부터 너희를 위하여 비를 내려 보내시는 이는 알라이시니. … 이는 지시를 받을 수 있는 자들을 위한 징표이니 … 너희는 감사하는 것을 배우게 될지라"(수라 16:10-14).

자비하신 분 알라

많은 사람들의 상상 속에, 이슬람의 알라는 변덕스럽게 행동하는 잔인한 독재자로 존재한다. 하지만, 많은 무슬림들은 꾸란이 알라의 자비와 은혜를 헤아릴 수 없이 많이 강조한다고 말한다. 꾸란의 매 장(surah. 9장은 제외)은 "은혜로우시고 자비하신 알라의 이름으로!"란 말로 시작한다. 더 나아가 꾸란 7장 156절은 이르기를 "그러나 나의 자비는 한계를 모른다"라고 말한다. 믿는 자에게 있어서, 알라는 이해하시고 용서하시며, 기도를 들으시고 보호하시는 자비하신 공급자(a merciful giver)로 자신을 계시하는데 반해, 불신자는 알라의 심판 가운데서 아무런 자비도 기대할 수 없다.

꾸란은 알라가 그분의 선하심(goodness)을 통하여 인간에게 자신을 계시했다고 진술한다. 무함마드 또한 알라의 선하심을 상기하며, 사람들에게 그분의 친절을 기억하고 그것에 대해 감사하도록 상기시킨다. 알라께 대한 이 감사와, 모든 것이 그분으로부터 온다는 지식은 진실한 무슬림의 표시이다. 반면에 불신자는 알라를 인식하지 않고 그분께 복종하지 않으며 늘 감사할 줄 모른다. 꾸란은 알라가 의를 행하는 자들을 사랑하고 그분의 뜻을 이행하는 자의 걸음만 인도한다고 기록한다.

알라는 그의 대적들과 그를 조롱하는 자들의 편의를 도모하지 않으시는데, 그분은 불의한 자나, 불신자나, 죄인이나, 악을 행하는 자를 사랑하지 않기 때문에 그들은 진노와 심판을 제외하고는 아무것도 기대할 수 없다.

알라에 대한 인간의 관계는 종이나 노예의 관계이다. 각 사람은 자신을 알라와 그의 뜻(아랍어로 *아슬라마*. aslama – 자신을 복종시키고, 맡기고, 알라께 자신을 완전히 드리고, 자신을 알라의 뜻에 헌신하고, 무슬림이 되는 것)에 완전히 복종하는 것이다. 이 알라를 향한 관계는 부복을 통하여 표현되는데, 매일 다섯 차례 의식적인 기도를 하는 동안에 수행해야 한다. 꾸란 35장 16절은 인간이 "초라하며 알라께 의존"하는 반면, 알라는 어느 누구에게도 의존할 필요가 없음을 상기시킨다. 성경이 증거하는 것과는 달리, 누구든지 알라를 부르는 자는 그분의 자녀라 하지 않고 종이라 부른다. 이것이 그분에게 다가갈 수 있는 유일한 길이다. "하늘과 땅을 막론하고 자비로우신 알라께는 종의 신분이 아니고서는 나올 수 있는 자가 없다"(수라 19:93).

알라의 권세 하에 있는 사람의 복종과 그분의 통치에 대한 인정은 그로 하여금 알라를 두려워하고 그분을 믿도록 이끈다. 은혜로우시고 자비로우신 꾸란의 알라께 인간이 부복할 때, 그것은 그의 귀가 그분의 계시들에 대해 열려 있다는 것을 보여주는 것이며, 좋은 길, 즉 이슬람의 길을 따른다는 것을 보여준다.

알라, 사랑의 알라?

꾸란은 알라가 자비롭고 관대한 분으로만 묘사하는 것은 아니다. 소수의 꾸란 구절은 알라의 사랑에 대해 말한다. "말하라. 너희가 알라를 사랑한다면 나를 따르라. 그러면 알라께서 너희를 사랑하시고 너희의 잘못을 사하여 주시리라"(수라 3:31). 하지만 무슬림 신학자들은 알라의 사랑을 이해하는 방식에서 여러 차이를 보인다.

> 정통학파는 알라께 대한 인간의 사랑을 그분의 법령과 위엄, 그리고 그분의 보상에 대해 사랑으로써 기꺼이 복종하고 그분을 섬기는 것으로 정의한다. 그들은 사랑하는 자와 사랑받는 자가 동등하게 친구로서, 사랑하는 자들 상호간 애정으로써의 사랑을 논의하지만 알라의 초월성은 이 용어들에 표현된 인간과 알라 간의 관계를 상상하는 것을 금지한다. 어떠한 종류의 사랑이나 친밀한 우정이 실현될 수 있다는 생각은 인간 편에서의 어리석고 지나친 추측이며, 알라를 불경스럽게 격하시키는 것이다.[2)]

알라와 인간 사이에 상호적인 사랑이 일어날 수 있다는 생각을 거절하는 이유는 그것이 알라의 전능성과 초월성, 그리고 전적인 타자성에서 비롯되기 때문인데, 이것은 인간관계와 그 느낌을 알라와 비교하는 개념이 되어 정통파에게는 상상할 수 없는 일이다.

---

2) *Der Koran Arabisch-Deutsch. übersetzung und wissenschaftlicher Kommentar von Adel Theodor Khoury*. 10 Bde. Vol. 2: Sure 2:75-2:212. Gütersloher Verlagshaus Gerd Mohn: Güersloh, 1991, pp. 207-208.

이슬람 신비주의자들은 알라의 사랑에 관해 다른 견해들을 갖는다. 알라께 가까이 나아가고, 그분과 하나가 되고, 심지어는 알라가 그들의 인격 안에 머무시는 데까지 나아가도록 애쓰는 신자들이 있다. 신자가 알라 안에서 자아를 전멸시킬 때, 그분의 초월성은 극복되고, 창조주와 피조물 사이에 있는 건널 수 없던 커다란 간격이 교차된다. 이것은 알라 안에서 신비적으로 자아의 전멸을 통해서만 일어나는 것인데, 이 접근방식은 정통 이슬람에 의해 자주 가혹한 공격을 받는다. 신비주의자들은 알라 사랑하기를 시도하지만, 세상의 끝 날에 알라가 그들을 사랑하는지는 참으로 알지 못한다.

사랑의 하나님으로서의 하나님에 관한 성경의 진술들과의 차이점들

꾸란에 있는 알라에 대한 서술들과 성경에서 우리가 발견하는 하나님의 묘사 간에는 어느 다른 종교그룹의 경전들보다 더 많은 유사점들이 있는 것이 사실이다. 창조주, 심판주, 우주의 주님이신 알라, 거룩한 경전들을 인류에게 내려준 분, 죄와 용서의 개념, 낙원에서의 첫 인간의 죄, 죄를 통해 인류를 타락하게 하는 사탄의 시도들, 인간에 대한 심판, 천국에 들어가도록 허락된 사람들과 지옥의 선고를 받은 사람들, 아담과 욥, 아브라함과 모세, 예수, 마리아, 그리고 성경의 여러 다른 인물들의 언급은 꾸란과 성경 간에 차이들보다는 유사점들이 더 많지 않는가 하는 질문을 유발시킨다. 여기에 이 질문에 조명을 더해주는 몇 가지 사례들이 있다.

성경과 비교해서 볼 때, 꾸란이 끊임없이 알라의 은혜와 자비를 언급하고 심지어 알라의 사랑을 언급한다 할지라도, 이 사랑은 알라의 본질적 특성을 묘사하지 않으며 꾸란의 메시지의 중심도 아님을 주목해야 한다. 꾸란의 메시지의 핵심은 알라의 독특성과 유일성(아랍어로 *타우히드*. tauhid) 뿐만 아니라 그분의 힘과 능력을 증명하는데 있다.

비록 꾸란이 '사랑'이란 단어를 사용한다 할지라도 성경에서 사용된 의미와 표현의 범위와는 기본적인 차이들이 있다. 성경의 여러 책들은 하나님께서 사랑을 베풀거나 사랑의 방식으로 대하는 것뿐만 아니라, 그분은 '사랑'이시고(요일 4:8,16) '사랑의 하나님'(고후 13:11)이심을 강조한다. 그러므로 성경에 그려진 하나님의 사랑과 그 범위는 꾸란의 그것과 아주 다르다. 피조물에 대한 하나님의 사랑은 이론적인 개념만이 아니라, 과거에 인간을 대했던 그분의 통치 배후에 있는 동기와 추진력이었고, 그분의 아들 예수 그리스도를 보내심으로 그 절정에 이른다. "하나님이 세상을 이처럼 사랑하사 독생자를 주셨으니 이는 저를 믿는 자마다 멸망치 않고 영생을 얻게 하려 하심이니라"(요 3:16). 하나님이자 인간인 하나님의 아들 예수는 사랑의 화신이었고, 하나님이 지닌 똑같은 사랑으로 "우리에게 나타내신 … 하나님의 사랑"(요일 4:9)이었다. 왜냐하면 하나님은 사랑이시고, 모든 사랑은 하나님으로부터 비롯되기 때문이다. "사랑하는 자들아 우리가 서로 사랑하자. 사랑은 하나님께 속한 것이니 사랑하는 자마다 하나님께로 나서 하나님을 알고"(요일 4:7). 모든 인간관계들과 하나님을 향한 관계는 사랑으로 특징지어져야 한다.

가장 위대한 희생과 헌신적인 행동이라 할지라도 만약 그 동기가 사랑, 즉 하나님에 대한 사랑과 이웃에 대한 사랑이 아니라면 하나님 보시기에 아무런 가치가 없다. 사랑을 묘사하는 익숙한 구절이 고린도전서 13장 1-3절에 감동적으로 표현된다. "만약 내가 사람의 방언과 천사의 말을 할지라도 사랑이 없으면 소리 나는 구리와 울리는 꽹과리가 되고 내가 예언하는 능이 있어 모든 비밀과 모든 지식을 알고 또 산을 옮길 만한 모든 믿음이 있을지라도 사랑이 없으면 내가 아무것도 아니요 내가 내게 있는 모든 것으로 구제하고 또 내 몸을 불사르게 내어 줄지라도 사랑이 없으면 내게 아무 유익이 없다."

모든 사랑의 원천이신 하나님이 그분의 사랑을 인류에게 주셨기 때문에, 그리하여 인간은 하나님을 사랑하고 그의 이웃을 사랑할 수 있게 되었다. 십계명의 첫째는 이 사랑의 의무를 포함한다. "너는 마음을 다하고 성품을 다하고 힘을 다하여 네 하나님 여호와를 사랑하라 … 이웃 사랑하기를 네 몸과 같이 하라"(신 6:5; 레 19:18; 예수께서 마 22:37-38에 인용하셨다).

그렇다면 성경에 따라 사랑은 결혼과 가족의 삶에서, 교회 공동체 내부에서, 그리고 모든 사람들, 심지어 원수와의 관계로까지 확대되어 나타나야 할 양질의 것이어야 한다. 비록 꾸란이 서로 싸우는 세력들 간의 화해가 귀중한 것이라 말할지라도, 특별히 사랑이 통치해야 하고, 원수들의 사악한 행동들에 대해서도 용서해야하는, 그런 사랑에 대한 아무런 암시도 주지 않는다. 마치 바울이 로마인들에게 보내는 편지에서 말하는 것처럼 말이다. "성도들의 쓸 것을 공급하며 손 대접하기를 힘쓰라. 너희를 핍박하는 자를 축복하라. 축복하고 저주하지 말라. 아무에게도 악으로 악을 갚지 말고 모든 사람 앞에서 선한 일을 도모하라. 네 원수가 주리거든 먹이고 목마르거든 마시우라. 그리함으로 네가 숯불을 그 머리에 쌓아 놓으리라. 악에게 지지 말고 선으로 악을 이기라"(롬 12:13, 14, 17, 20, 21).

특별히 신약성경에서 자주 반복된 사랑과 희생 간의 상호관계가 꾸란에서는 발견되지 않는다. 우리는 특히 신약성경에 있는 예수의 죽음(요 3:16)의 맥락에서 그 상호관계를 대면하며, “사람이 친구를 위하여 자기 목숨을 버리면 이에서 더 큰 사랑이 없나니”(요 15:13)라는 구절에서 보다 전반적인 수준에 맞닥뜨리게 된다. 그 자기희생적 태도와 행동은 독특한 성경적 개념이 담긴 사랑의 증거로써 꾸란에서는 발견되지 않는데, 이것은 가족과 혼인의 연합뿐만 아니라 공동체적 삶을 특징짓는다.

구약성경과 더불어 특히 신약성경은 하나님이 인간을 다루시는 배후에 움직이는 힘이 그분의 사랑이라는 것을 매우 자주 강조하는데, 이 사랑이 그분으로 하여금 인간을 구원하도록 하며, 예언자들을 통하여 그분의 계명들을 기억하게 하고, 최종적으로는 그분의 아들을 보내셨는데, 그는 인류에 대한 하나님의 사랑의 절정으로서 십자가에 못 박히셨다. 예수 안에서 하나님은 원수들의 손에 자신을 넘기시며, 인류 구원을 성취하기 위해 그분 자신을 포기하신다. 하나님의 행동은 순수하게 그분 자신의 사랑에서 샘솟는 것이지, 인간이 그분의 사랑을 얻기 위해 할 수 있다고 생각하는 어떤 것에 기초하지 않는다. 왜냐하면 인간은 하나님의 사랑을 얻을 만한 아무것도 스스로 행할 수 없기 때문이다. 하나님이 인류를 위해 그분의 아들을 보내셨기 때문에 인간은 이 사랑에 응답할 수 있고, 하나님의 사랑 안에서 그분이 명령하신 행동을 수행할 수 있는 것이다.

모든 것을 감싸는 사랑과, 다른 사람들을 위한 관심, 우리에게 가장 가까운 사람들에게 봉사하고 그들을 돌보며, 심지어 원수들까지 사랑하고 그들을 위해 죽기까지 하는 것은 오직 성경에서만 발견된다. 심지어 꾸란의 많은 구절들에서 '사랑'과 '자비'와 같은 표현들을 자주 사용할지라도 말이다.

학습 질문

- 꾸란에서 알라의 이미지의 특징들은 무엇인가? 이것이 하나님에 관한 성경의 진술과 어떤 연관성이 있는가?

CHAPTER

05

인간의 타락과 인류의 구속

꾸란은 무엇을 가르치나?

The Islamic View of Major Christian Teachings

어쩌면 원죄와 인간의 타락, 그리고 인류의 구속에 관하여 꾸란이 무엇을 가르치는지에 대한 질문은 얼핏 보면 중요한 부분으로 보이지 않을지도 모른다. 심지어 일부 기독교인들조차도 낙원에서의 아담과 이브에 관해 성경이 가르치는 바가 그들의 일상 삶에 진정한 영향을 미치지 않는다는 인상을 갖는다. 언젠가 한 젊은 여인은, 아담과 이브가 단지 금지된 나무의 열매를 먹었다고 해서 자신까지 고통을 겪어야 한다는 것은 하나님이 매우 '부당하다'고 간주할 수밖에 없다고 내게 대놓고 말했다.

그녀의 잘못이 아니었다는 것이다. 어쩌면 그녀는 그들과 똑같이 행동하지는 않았을 것이다! 그러나 로마서 5장에 기록된 것처럼, 만일 우리의 '대표'로서의 아담의 범죄로 말미암아 원죄 아래 '팔리는' 것을 우리가 받아들이지 않는다면, 우리 대신에 우리를 위해 죽음으로써, 우리로 생명을 내놓을 필요가 없도록 하신 예수 안에서의 구원을 얻을 길이 없다. 그것은 동일한 원리이다. 우리의 대표가 되시는 예수님을 통하여 우리는 은혜와 의로움, 칭의, 그리고 영생을 받을 수 있다. "한 사람의 순종치 아니함으로 많은 사람이 죄인 된 것같이 한 사람의 순종하심으로 많은 사람이 의인이 되리라"(롬 5:19). 꾸란이 영원한 구원에 대해 가르치는 것을 이해하기 원한다면 (만약 거기에 무언가가 있다면) 우리는 이슬람의 원죄개념부터 살펴볼 필요가 있다.

요컨대 우리가 원죄와 구원에 관해 토의한다면 먼저 두개의 간단한 진술을 생각해 볼 수 있다. 비록 꾸란이 낙원에서 있었던 인간의 유혹과 도덕적인 실패담을 담고 있을지라도, 성경이 묘사하는 것과 같은 그런 인간의 '타락'에 관한 이야기는 없다. 그 결과로 인류는 진정 죄로부터의 구속을 필요로 하지 않는다. 좀 더 상세히 들어가기를 원한다면 꾸란의 본문을 조사하고, 일부 무슬림 주석가들에게 귀 기울여 들어보며, 그들이 꾸란의 가르침들을 어떻게 해석해 왔는지를 찾아내어야 한다.

구속에 관한 이슬람의 생각

성경은 원죄와 구속의 문제 사이에 있는 연관성을 반복하여 강조한다(롬 5:8-10, 12-18). 만약 원죄가 없다면 구속도 필요가 없다. 인류에 대한 하나님의 저주와 하나님과의 타락한 관계는 구속을 긴급하게 필요로 했는데, 그렇게 함으로 거룩하신 하나님과 죄를 범한 인간 사이의 넓은 간격에 다리를 놓을 수 있었다(창 3:15, 24).

위에서 언급했듯이 꾸란은 문자적인 의미에서 원죄 교리를 갖고 있지 않다. 무함마드가 그의 주변에 있는 기독교인들과 접촉을 했고, 꾸란은 성경에 있는 (특별히 구약성경의 예언자들의 이야기들) 많은 양의 자료를 포함하고 있다는 것을 우리가 명심한다면, 첫눈에 보기에도 꾸란의 많은 내용들이 구약과 신약성경의 가르침과 상통하는 것은 놀라운 일이 아니다. 한편으로, 오늘날 오리엔탈리스트들은 A.D. 7세기 무함마드 시대 기독교인들에게는 완전한 아랍어 번역 성경이 없었다고 본다. 그들의 믿음은 외경의 기록들과 구전과 같은 다른 자료들에 부분적으로, 혹은 폭넓은 토대를 두고 있었던 것으로 보인다. 무함마드가 접촉했던 기독교인들은 일부 이교적 가르침을 수용하였다(그들은 마리아를 '하나님의 어머니' 로, 그리고 삼위일체의 제 삼 위격으로 숭배한 것으로 보였다).

꾸란이 산상수훈과 요한계시록, 바울서신, 베드로와 디모데 서신들, 혹은 원죄교리 등과 같은 기독교의 근본적인 진술들을 담고 있지 않음을 주목해 보면 흥미롭다. 예수의 십자가형조차도 단지 꾸란의 두 구절(수라 4:157-158)에만 나온다. 무함마드가 그 기독교인들로부터 원죄교리에 대해 많이 들어보지 않았든지, 혹은 기독교 신학과 성경의 가르침 속에 있는 그에 대한 중요성을 이해하지 못했을 것으로 추측할 수 있다. (혹은 일부 사람들은 꾸란 본문을 편집할 때 의도적으로 그러한 가르침들을 빼버렸다고 하는데, 그 이유는 그것이 그의 신학적인 골격에 어울리지 않았기 때문이라 한다).

낙원에서 아담과 그의 아내

꾸란은 낙원에 있는 아담에 대해 말한다. 그는 꾸란에서 중요한 역할을 하며 급기야는 가장 위대한 예언자들 중의 하나로 언급된다. 노아와 아브라함(이브라힘)의 가족 그리고 이므란('Imran)과 함께 그는 "온 세상의 모든 사람들보다 위에" 알라에 의해 '선택받은' 사람들에 속한다(수라 3:33). 아담은 인류의 조상이다(수라4:1). 알라는 그를 먼지와 진흙에서 조성하였고(수라 15:26) 그에게 "영(spirit)과 … 듣는 것 … 보는 것과 이해할 수 있는 마음 … "(수라 32:9)을 주었다. 꾸란에서 알라가 아담에게 '영'(spirit)을 주었다고 말하는 것에 대하여, 무슬림 꾸란 주석가들은 이것이 구약성경이 가르치는 것같이 알라는 그분의 영을 인간에게 불어넣었다는 것을 의미하지는 않고(창 2:7; 수라 2:7) 단지 알라가 인간에게 생명을 준 사실에 대한 설명일 뿐이라고 본다.[3)]

꾸란은 결코 인간이 하나님의 형상으로 창조되었다거나(창 1:27), 그분 자신보다 조금 못하다(시 8:5-7. 인간이 '하나님 같다'는 의미가 아니다)고 가르치지 않는다. 왜냐하면 알라는 독특하고 상상할 수 없으며 피조물보다 높이 들리신 분이기 때문이다. 그는 결코 인간이나 피조물들, 그리고 종들과 비교될 수 없다. 그는 인간으로부터 감추어져 있고 어느 면에서도 그들과 비교될 수 없다.

구약성경과 대조적으로(창 2:19. "여호와 하나님이 … 아담이 어떻게 이름을 짓나 보시려고 그것들을 그에게로 이끌어 이르시니 아담이 각 생물을 일컫는 바가 곧 그 이름이라") 알라는 아담에게 그가 창조한 동물들의 이름을 지어주라고 요구하지 않는다. 반대로 꾸란은 알라가 아담에게 동물들의 이름들을 가르쳐주었다고 말한다. 나중에 알라는 동물들에게 어떤 이름이 주어졌는지를 천사들에게 물었다. 그들은 알지 못했지만 대답했다. "당신께 찬미를 드리나이다. 당신께서 우리에게 가르쳐 주신 것 이

3) 헤르만 스티글레커(Hermann Stieglecker)는 다른 꾸란 주석들로부터 이를 요약했다. Die Glaubenslehren des Islam. Paderborn, 1962/1983. p. 191.

외에는 우리에게 지식이 없으니, 이는 당신께서는 전지하시고 지혜로우시기 때문입니다"(수라 2:32). 그리고는 아담에게 동물들의 이름을 천사들에게 말하게 하는데, 이는 천사들 앞에서 아담의 탁월함에 대한 증거를 보여준다. (이 사실은 누가 명령할 수 있는 지배자의 위치에 있고, 누가 복종해야 하는 위치에 있는지에 관한 질문에 관심의 초점이 놓여있다는 인상을 남긴다.) 그리고 알라는 천사들에게 아담 앞에 절하라고 명령한다. 이블리스(Iblis. 꾸란에서 '사탄'에 대한 별칭)를 제외한 모든 천사들이 복종하는데, 이블리스는 그의 교만 때문에 거절했다(수라 2:34).

금지된 나무와 아담의 범죄

꾸란은 아담의 아내의 이름을 언급하지 않는다. 꾸란 주석가들은 그녀가 아담이 잠들어 있을 때 그의 갈비뼈로 지음을 받았다는 첨언과 더불어 그녀의 이름을 하와(Hawa)라 불렀다. 반면, 일부 무슬림 변증가들은 아담의 아내가 그의 갈비뼈로 창조되었다는, 꾸란에 없는 '창피스런'(humiliating) 구절을 오로지 성경만이 포함하고 있다고 주장하는데, 이는 이슬람에서 남자와 여자가 동등하게 창조되었음을 의미한다는 것이다. (아마도 그들은 동등하게 창조되었을지 모르나, 이슬람에서는 남자와 여자가 똑같은 권리를 갖는다고 진술하는 곳이 없다. 남자의 우월성에 대한 꾸란의 일부 진술을 더 깊게 조사해보면 이는 쉽게 증명된다).

꾸란에서 아담과 그의 아내는 낙원에서 아무런 제한 없이 살아가도록 허락을 받았다. 유일한 예외는 구약성경과 비슷한데, 특정 나무의 열매만큼은 먹지 말아야 했다. 꾸란은 이것이 무슨 나무인지 분명히 진술하지는 않지만, 꾸란 20장 120절이 간접적으로 밝히는 것은 이 나무의 열매가 불멸(immortality)을 주고 천사들처럼 되게 할 것이라는 것이다. 다른 구절(2:35)에서는 알라가 아담과 그의 아내로 하여금 이 나무에 접근하는 것을 금지한다. 그렇게 되면 '범죄자들'(transgressors)이 될 것이기 때문이다. 여기까지 볼 때는 꾸란과 구약성경 간의 차이들이 그렇게 크지 않아 보인다.

그러나 이제 꾸란은 유혹이 사탄의 형상으로 아담과 그의 아내에게 접근한다고 설명한다. 사탄은 인간이 '범죄하고' 낙원을 상실하도록 유인한다(2:36). 꾸란 20장 120절은 사탄이 아담을 범죄하도록 유혹했다고 말해준다. 알라는 이미 아담에게 사탄이 낙원으로부터 아담을 내쫓게 될 것이라고 경고하였다(20:117-119). 그럼에도 불구하고 아담과 그의 아내는 금지된 나무의 열매를 따먹었다. 그들은 벌거벗었음을 깨닫고 스스로 나뭇잎들로 옷을 만들어 입었다(2:121). 낙원에서 더 이상 머물 수 없게 되자 알라는 그들을 그곳에서 나오게 하여(7:22) 지구로 추방하여 내려 보냈다.

매우 흥미로운 것은, 구약성경과 대조적으로 아담과 그의 아내는 알라에게 그 열매를 따먹은 것에 대해 용서를 구한다. 동시에 그들은 그들의 죄가 그들 자신에게만 영향을 미친다고 강조한다(7:23). "그들이 말했다. '우리는 우리 자신의 영혼에 거슬러 죄를 지었습니다'"(7:23). 알라가 아니라 그들 자신이, 알라의 계명을 어김으로 말미암는 영향을 받는다. 꾸란은 다른 많은 예들을 통해서도 인간은 늘 스스로를 거슬러 죄를 짓고, 그 죄는 알라에게 영향을 미칠 수 없다고 가르친다(예컨대, 수라 2:54; 2:57; 3:117; 3:135; 4:64; 4:97; 4:110; 7:160을 보라. 한편, 배교와 같은 중대한 죄는 알라의 법을 해치나 결코 알라를 해치는 것은 아니다).

낙원 이야기에서 알라는 아담과 그의 아내가 저지른 죄를 용서한다(수라 2:37). 꾸란에 따르면 낙원에서 지은 아담의 죄는 인간에게 더 이상의 영향을 미치지 않으며, 알라와 인간의 관계를 방해하거나 파괴하지 않는다.

이 죄(transgression)는 구약성경과 대조적으로 단지 하나의 '과실'(faux pas)일 뿐이라고 말한다. 꾸란에서 그 범죄는 알라와 인간 사이의 이전에 있던 가까운 관계를 파괴하지 않는데, 그 이유는 알라가 만유의 창조주라는 사실을 넘어서는 것과 같은 그런 '관계'가 처음부터 결코 존재하지 않기 때문이다. 비록 꾸란이 아담과 그의 아내가 죄 때문에 낙원에 남아있을 수 없었다고 가르칠지라도, 그 사건은 중대한 일로 여기지 않거나, 구약성경에서와 같이 인간의 역사에 대한 그와 같은 정신적 충격과 같은 잊지 못할 결과들을 초래한 것으로 보지 않는다. 남자와 그의 아내 사이의 관계의 질은 꾸란에 나오는 낙원 이야기로 인해 영향을 받지 않는다. 아담과 그의 아내가 초래한 유일한 결과는 그들이 지상으로 쫓겨난 것과, 다가올 미래에 인간과 사탄 사이에 있게 될 적의에 대한 예언뿐으로 보인다(2:36). 이 범죄에도 불구하고 알라는 아담을 '선택하셨고', "그를 받아들이셨으며 그에게 다시 돌이켜서 그를 지도하셨다"(20:122).

이와 같이 꾸란의 관점은 의롭게 살고자 하는 인간의 능력에 관해 성경의 관점보다 훨씬 더 낙관적이다. 아담 이후의 인류는 보편적으로 죄에 "사로잡히지" 않으며, 선한 행위들을 하기 위해서 구속 받을 필요가 없다. 인간이 만일 사탄의 공격에 저항한다면 경건한 삶을 살 수 있다. 결론적으로, 꾸란에 의하면 가장 사악한 죄는 (창 3:1에서 나오는 것 같이 "하나님이 참으로 … 하시더냐?"와 같은) 알라의 신뢰성이나 확실성을 의심하는 것이 아니다. 또한 믿음은 기본적으로 알라를 신뢰하는 것이 아니라, 무엇보다도 그분에게 복종하는 것이다. 꾸란에서 사람에게 가장 무거운 죄는 그 자신의 운명을 스스로 결정하려고 하며, 창조주요 심판주로서의 알라를 무시하려는 태도이다. 알라에게 복종할 수 없게 만드는 것은 인간의 자만이다.

꾸란의 낙원 이야기로부터의 결론

1) 인간과 알라의 관계는 일반적으로 방해받지 않는다.

죄는 알라에게서 인간을 분리시키지 않는다. 이는 이전에 그와 다른 더 가까운 관계가 없었기 때문이다. 알라는 인간의 주인(master)이다. 알라는 인간의 창조주이지만 아버지는 아니며, 인간은 알라의 형상으로 창조되지도 않았다. 죄는 원칙적으로 알라께 영향을 주지 않으나 그것을 저지르는 인간에게만 영향을 미친다. 만약 죄인이 뉘우치고 그 죄로부터 돌아서면, 그리고 그것을 다시 범할 의도가 없다면, 알라는 크고 작은 모든 죄들을 용서하시는데, 이는 그분의 자비가 "모든 것 위에 펼쳐지기"(수라 7:156) 때문이다.

무슬림 신학자들은 사람이 회개하지 않을지라도 알라가 죄를 용서하시는가에 대한 문제를 토론하였다. 다수의 무슬림 신학자들은 뉘우침이 용서의 조건이라고 주장하지 않는다(어떤 이들은 죽기 전에 알라께 용서를 구하지 않는 무슬림 범죄자는 일정기간 동안 지옥에 머물 것이나 결국에는 낙원으로 갈 것이라고 말한다). 불신(아랍어로 *꾸프르*, kufr)만 아니라면 말이다. 또한 쉬르크(shirk, 알라와 동등한 파트너를 두는 것으로, 기독교인들이 삼위일체를 믿는 것을 들어 이 죄라고 말한다) 혹은 배교는 불신의 한 형태이다. 불신자는 회개해야 하며 이슬람으로 개종해야 한다. 알라는 용서를 바라는 그의 종들의 탄원을 듣는데, 이는 원죄가 없기 때문이며, 용서를 구한 이후에 더 좋은 삶을 사는 것에서 인간을 방해하는 것은 하나도 없다.

2) 아담의 죄가 인간관계에 해를 끼칠 수 없기에 사람들 간의 관계는 영향을 받지 않는다.

아담과 그 아내와의 관계가 낙원에서 발생한 그 일로 인해 훼방을 받았거나 급기야 변했다는 암시는 사실상 꾸란에 없다. 성경에 (하나님이 태초에 설계한 것이 아닌) 타락 이후에 죄의 결과로써(창 3:16) 남편이 아내를 주관하게 되는 특징에 관하여 꾸란은 아무런 암시도 주지 않는다. 성경이 우리에게 보여주듯이, 하나님은 남자와 여자가 서로 매우 다른 개성의 유형이지만 부부로서 조화를 이루어 살며, 서로를 보충하면서 연합하도록 계획하셨다. 그러나 타락 이후에 진정한 조화와 연합은 오로지 하나님의 도우심에 의해서만 얻을 수 있다. 타락 이후에 우리는 남편과 아내 간의 시기, 권력을 위한 싸움, 압박, 불신 그리고 폭력에 관해 읽게 된다. 꾸란은 이 차원이 완전히 결핍되어 있다.

3) 낙원에서 추방된 후, 만약 인간이 사탄의 속삭임에 대하여 저항한 다면 여전히 의롭게 살 수 있다.

유혹은 인간의 내부에 있는 마음에서가 아니라 외부로부터 다가온다. 죄는 알라께 대한 반역이 아니라 '범죄'(transgression) 또는 '타인의 것에 대한 침해'(trespass)이다(2:36). 이 관점과 더불어, 지상의 삶은 알라가 부과하는 시련(probation)과 시험(test)의 시간과 같다.[4] 결과적으로 꾸란은 마치 바울이 로마서 7장에서 묘사하는 것과 같이, 선을 행할 의지와 그것을 행하지 못하는 무능력 사이에 있는 인간의 내적 갈등을 모른다. 인간은 자신의 힘으로는 선을 행할 수 없다는 것을 절망적으로 깨닫고 하나님께 손을 뻗어 도움을 요청해야 한다.

꾸란에서 말하는 인간 내부에 있는 마음은 성경에서 말하는 것처럼 악하지 않으나, 인간의 유혹은 외부로부터 오는데, 하늘로부터 쫓겨났고 인간에게 악을 행하도록 유혹하려고 꾀는 타락한 천사인 사탄으로부터 온다. 많은 사람들이 선을 선택하지 않지만, 인간은 늘 선과 악 사이에서 자유로운 선택을 할 수 있다. 그러나 이것은 다만 알라의 시험이다. 누구든지 죄를 범하는 자는 그에게 사탄이 속삭이도록 귀를 기울인 것이지만, 그가 참으로 알라의 계명을 지키기 원한다면 그는 종교적 의무들뿐만 아니라 이슬람의 다섯 기둥들을 수행할 수 있다.

구약과 신약성경 또한 인간이 선을 행할 것을 기대하지만, 동시에 인간이 하나님의 능력과 성령의 도우심 없이 선을 행하는 것은 불가능하

4) Nagel은 그의 저술에서 이와 같이 정의한다. Tilman Nagel. *Der Koran. Einführung-Texte-Erläuterungen*. München 1983. p. 239.

다는 것을 분명히 한다. 더욱이 사람이 행할 수 있는 모든 선한 행위들은 결코 한 사람의 영혼을 구원하기에도 충분하지 않을 것이다. 하나님의 법에 대한 단 하나의 범죄라도 선한 행위들을 통해 근절할 수 없고, 죄인이 용서를 구할 때 '대표'가 되시는 예수 그리스도로 말미암아 그 죄가 제거될 때까지 죄는 여전히 실재한다.

4) 흥미롭게도 무슬림 신학에 의하면 죄 없는 사람들이 있다.

무슬림 신학에 의하면 꾸란에 언급된 모든 예언자들에게는 아무런 죄가 없다고 하지만, 이는 꾸란에 근거한 것이 아니다! 예언자들 중 많은 이들이 자신의 죄에 대해 알라께 용서를 구하였다고 꾸란 자체가 여러 차례 전하고 있다(7:23에 나오는 아담, 11:47에 나오는 노아, 14:41에 나오는 아브라함, 28:16에 나오는 모세, 38:24에 나오는 다윗, 110:3과 48:2에 나오는 무함마드!). 유일한 예외는 예언자 예수로, 꾸란에 따르면 그분은 아무런 죄도 짓지 않았다고 하는데, 그럼에도 그는 단지 인간이었을 뿐이라고 말한다. 오리엔탈리스트인 루이 가르데(Louis Gardet)는 10세기를 '무죄의 교리'가 처음으로 보고되었을 때라고 여긴다.[5] 이것은 이슬람의 시아파에서 유래한 것으로 보인다.

5) 원죄가 없으면 구속이 필요하지 않다.

엘더(E. E. Elder)는 이슬람과 기독교를 비교하면서 다음과 같이 요약했다. "이슬람은 죄의 교리가 없지만, 단지 불순종의 행위들을 크고 작은 범주들로 나누고 그들 각각의 처벌을 결정하는 것이 큰 문제인 죄들(sins)만 있을 뿐이다. … 기독교 사상가에게 죄는 하나님의 의로우심

5) Louis Gardet. *Islam*. Kö ln 1968. p. 68.

과 거룩하심에 맞서는 반역의 상태이다."[6] 구약성경에서 성전에 들어가기 전에 행하는 정화의식과, 동물 희생을 드릴 때 그것을 도살하고 피를 흘리는데 따르는 모든 법과 규칙들은 하나님의 어린 양 예수 그리스도가 죄 없이 드리게 될 바로 그 희생제사의 전조가 되는 것이다.

이슬람에서는 구원의 문제에 관하여, 모든 인간이 스스로를 알라께 복종하고 이슬람 종교를 받아들이는 것이 필수적인데, 심판 날에 비 무슬림들에게는 자비가 없을 것이기 때문이다. 전통에 따르면 오직 무함마드가 (또는, 다른 신학자들이 주장하는 것처럼, 알라 자신이나 그분의 천사들이) 중보자로서 무슬림 신자들을 위하여 중재할 수 있다. 그러나 이 특별한 질문에 대해서는 확실한 답을 할 수가 없는데, 꾸란 자체가 중보의 가능성에 대해 몇몇 암시들만을 주기 때문이다. 무슬림 전통에는 무함마드에게 드리는 많은 중보기도들이 나온다. 그러므로 이슬람에로의 개종은 구속(redemption)을 의미하는 것이 아니라 알라와 이슬람법 아래에서의 복종(obedience)과 항복(submission)을 의미한다.

6) 법적 대표에 대한 개념은 이슬람에 알려져 있지 않다.

각 사람은 스스로에게 책임이 있을 뿐이며 그 자신 만을 위해 행동한다. 구약과 신약성경은 아담이 모든 인류를 대표하여 죄를 지은 것으로 (롬 5:12), 그리고 이 죄로 인해 모든 인간 개개인이 하나님께 대한 관계를 파괴했다고 가르친다. 똑같은 방식으로 그리스도께서는 자신의 희생으로 그분을 따르는 자들을 위한 구속을 달성하심으로, 아무도 자

6) E. E. Elder. "The Development of the Moslem Doctrine of Sins and their Forgiveness." in: The Moslem World 29 (1939): 178-188. here p. 188.

기 죄 때문에 죽지 않게 하려 하셨다(롬 5:6-21).

많은 변증가들이 주장하는 바와 같이, 무슬림 신학자들의 눈에 이 대표적 구속(representative redemption)의 개념은 비논리적이고 터무니없는 것인데, 무슬림의 관점에서 보면 그에 대한 필요성이 없기 때문이다. 무슬림 신학자들은 이 대표적 구속이 효력이 없다고 주장하는데, 그것이 사실이라면 그 구속이 모든 종류의 죄나 도적질, 살인 혹은 간통을 종결지었어야 할 것이기 때문이다.[7] 그러나 예수의 죽음 이후로도 인류는 변치 않고 계속해서 죄를 범하는 것이 분명하다는 것이다.

무슬림 신학은 구속이라는 것이 어떤 사람의 남은 삶 동안 죄로부터 자동적으로 자유롭게 하는 것이 아님을 깨닫지 못하고 있다. 또한 구원받은 사람이 악을 행할 자유가 있다는 것과, 최후의 날까지 사탄이 세상을 지배하고 그들이 원하든 원하지 않든 모든 사람 안에 예수의 구속이 마술적으로 역사하는 것이 아니라는 것을 깨닫지 못한다.

7) 이슬람이 예수를 하나님의 아들로 인정하지 않기에 무슬림 신학은 그의 구속을 결코 받아들일 수 없다.

구약과 신약성경은 하나님 자신만이 인류의 구속주일 수 있다고 분명하게 가르친다. 희생제사로 드려진 동물이 죄를 제거할 수 없었다(히 10:4. "이는 황소와 염소의 피가 능히 죄를 없이 하지 못함이다." 또한 히 9:12-14를 보라). 그것은 죄인의 내적 뉘우침의 외적 표시로써만, 그리고 다가오는 온전한 희생의 전조가 되는 것으로만 희생된 것이었다. 또

7) Stieglecker. *Glaubenslehren*. p. 317.

한 어느 인간도 다른 영혼을 구원할 수 없었다. 이삭의 죽음은 인류를 도울 수 없었다. 단지 아브라함이 행한 순종으로만 가능했다. 모세는 이스라엘이 자기 대신에 구원받을 수 있다면 자신이 생명책에서 지워짐을 감수하겠노라고 하나님께 간청했지만, 하나님은 그것을 허용하지 않으셨다(출 32:32. 롬 9:3에 바울이 비슷하게 바라는 것을 보라). 시편 49편 7-8절은 요약한다. "아무도 결코 그 형제를 구속하지 못하며 저를 위하여 하나님께 속전을 바치지도 못할 것은 저희 생명의 구속이 너무 귀하며 영영히 못할 것임이라." 예수께서 그의 백성을 구속할 수 있는 능력에 대한 하나의 조건은 하나님의 아들로서의 거룩과 죄 없음이었다. 그러나 예수의 아들 신분이 꾸란과 이슬람 신학에서 거부되기 때문에 인류를 죄로부터 완전하게 자유롭게 하는 구속주가 거기에 존재할 여지가 없다.

학습 질문

• 인간과 알라와의 관계에서 꾸란은 인간에 대해 무엇을 가르치는가? 또 그 결말들은 어떠한가?

CHAPTER

06

꾸란과 성경에서 죄의 의미

The Islamic View of Major Christian Teachings

꾸란

성경이 죄에 대해 말할 때 그것은 하나님과 인간 사이의 계약을 깨뜨리는 것을 의미하는데, 다른 말로하면 하나님께 대한 인간의 불충을 의미한다. 그러나 꾸란은 인간의 죄가 알라를 반역하는 것이 아니라 인간 스스로를 거역하는 것이라고 강조한다. "그들[아담과 하와]은 말했다. '우리의 주님, 우리는 우리 자신의 영혼들에게 잘못을 저질렀습니다'"(7:23). 꾸란 2장 57절은 이스라엘의 배은망덕한 죄를 다음과 같이 묘사한다. "그리고 우리는 너희에게 구름으로 그늘을 만들고 너희에게 만나와 쌀와(메추라기)를 보내며 '너희에게 공급한 좋은 것들을 먹으라' 하였거늘 (그러나 그들은 반역하였다). 그들은 우리를 해롭게 못하고 그들 스스로를 해롭게 하였다."

성경

성경에서 모든 죄는 하나님께 반항하는 것이다. 구약성경은 하나님과 이스라엘 간의 관계를 결혼에 비유하고, 이스라엘의 하나님께 대한 반역을 간음에 비유한다. 주님은 인간의 죄에 분노하시지만 동시에 슬퍼하신다.[8] "그들이 반역하여 그분의 성령을 슬프게 하였다"(사 63:10. 엡 4:30과 비교하라). 잘 알려진 회개의 기도(시 51)에서 다윗은 "당신께만, 오직 당신께만 죄를 지었습니다"(4절. 왕상 8:50과 비교하라)라고 인정한다.

꾸란

꾸란 본문 전체에서 원죄에 대한 언급이 없다. 오히려 그 책은 인간이 모든 행동에서 선과 악을 선택할 수 있다고 가르친다. 이슬람에 의하면, 알라는 사탄이 인간을 불순종하게 유혹하도록 허락하여, 악은 인간 내부의 존재로부터(이것은 성경이 가르치는 것이다) 나오지 않고 외부의 유혹으로부터, 즉 악마의 속삭임으로부터 온다. 만약 이에 저항하고 악을 행하는 것을 원하지 않는다면 그는 선을 행할 수 있다.

여기에서 보듯이 꾸란은 그의 도덕적 역량 면에서 인간에게 철저히 긍정적인 관점을 견지한다. 성경이 구속받지 못한 사람들을 묘사하듯이, 인간은 선을 행할 수 없는 것이 아니라 그의 불신에 기인하는 연약성으로부터 고통을 겪는다. 틸만 나겔(Tilmann Nagel)은 다음과 같이 결론짓는다. "인간의 본성에 대한 꾸란의 관점은 인간 개인의 연약성으로 특징지어진 것으로 보이는데, 이 관점은 완전히 낙관적이고 긍정적이다. 이 연약성이 불신의 열매라고 간주되기 때문이다."[9]

8) 예수의 동시적인 슬픔과 분노를 마가복음 3:5과 요한복음 11:33에서 비교하라.
9) Tilmann Nagel. *Koran*. p. 253.

성경

로마서 7장 19절("내가 원하는 바 선은 행하지 아니하고 도리어 원치 아니하는 바 악은 행하는도다")의 주요 개념은 이슬람에서 발견되지 않는데, 이슬람에서는 인간이 선을 행할 수 있다고 믿기 때문이다. 성경에서와 마찬가지로 꾸란은 죄를 하나님의 율법에 반대한 위반과 그분의 명령에 대한 불순종으로 묘사하지만, 하나님과 그분의 율법에 반대하는 내적 인간의 반역으로는 묘사하지 않는다. 악의 기원을 묘사하면서 예수는 말씀한다. "속에서 곧 사람의 마음에서 나오는 것은 악한 생각 곧 음란과 도적질과 살인과 간음과 탐욕과 악독과 속임과 음탕과 흘기는 눈과 훼방과 교만과 광패니 이 모든 악한 것이 다 속에서 나와서 사람을 더럽게 하느니라"(막 7:21-23).

꾸란

인간은 근본적으로 죄를 짓지 않을 수 있다. 만약 그가 악에게 귀를 기울이고 잘못을 행해도, 그가 사죄하고 개선을 바라는 한 알라는 자비로우셔서 불법을 기꺼이 용서하실 것이다. 만약 그가 규칙적으로 기도를 수행하고, 금식의 달을 준수하며, 자선을 베풀고 메카로의 순례를 행하면, 그가 죽을 때 알라가 은혜로 그에게 낙원을 허락할 것이라고 희망할 수도 있다.

다른 한편으로 인간은 악을 행하기로 선택할 가망이 있다. 꾸란은 알라의 경고들을 귀담아 듣지 않는 사람들에 관해 분명하게 말하지만, 모든 사람이 알라의 사도의 가르침에 복종할 준비가 되어 있어야 한다는 인상은 결코 빠뜨리지 않는다. 이것은 소위 '처벌의 전설'(Legends of Punishment) 속에서 명확해 지는데, 예언자를 믿었어야 했음에도 불구하고 알라의 경고를 무시한 모든 국가들의 파멸을 묘사하고 있다. 같은 방식으로, 무함마드는 당시 사람들에게 다가오는 심판을 경고하였지만 그의 메시지에 대해 그들이 여전히 거절하는 것을 경험했음에 틀림없다.

성경

인간은 본질적으로 범죄 하지 않을 수 없는데, 이는 그가 "죄 아래 팔렸기"(롬 7:14-15) 때문이다. 그는 죄의 저주 아래 있고, 하나님의 용서를 받아들이기까지 계속 악을 행한다. 오직 그는 죄인이고 스스로를 개선할 수 없으며, 그의 죄 때문에 예수께서 십자가에서 죽으셨다는 사실을 회개와 기도를 통해 받아들임으로써만, 하나님과 화목하게 되고 새로운 생명을 얻을 수 있다. 그때 성령은 그 안에 내주 하시고, 그로 하여금 하나님의 능력을 통해 죄에 항거할 수 있게 해준다. 그리고 또 죄를 짓게 되겠지만 (이는 기독교인의 삶에서 반복적으로 일어나는 것으로) 그의 죄에 대해 용서를 구하면, 그는 용서를 받고 창조주와의 새로운 교제를 갖게 될 것이다(요일 1:9). 이와 같이 하나님의 자녀는 누구든지 영생을 얻을 것이라는 확신을 갖는다.

"더 큰" 죄와 "더 작은" 죄

꾸란은 보다 큰 죄와 보다 작은 죄, 즉 다소간에 심각한 위반의 정도를 구별한다. 그러나 어느 것이 어느 것인지에 대한 분명한 표시가 없다. 예를 들어, 꾸란 4장 31절은 중대한 죄에 대해서 말하지만 어떤 위반들을 의미하는지를 설명하지 않는다. "너희가 만약 너희에게 금지된 것 중 보다 큰 죄를 멀리한다면 내가 너희의 가벼운 죄들을 사하여 너희로 하여금 지고한 영광의 처소(낙원)에 들어가게 하리라." 무슬림 신학자들은 그 주제에 관해 의견이 다르나 다음과 같은 구분을 자주 사용한다.

불신(아랍어로 *꾸프르*. kufr)

불신은 모든 것 중에서 가장 큰 죄이다. 그것은 다음과 같이 표현된다.

- 알라의 존재와 활동을 부인하는 것
- 이슬람을 거절하는 것
- 알라보다 다른 신들을 예배하는 것

이러한 이유로 유대인과 기독교인은 다신숭배의 죄가 있다고 간주된다. 유대인들은 에스라를 하나님의 아들로 예배한다고 여겨지고(수라 9:30), 기독교인들은 예수를 신(divine)이라고 선언하였기 때문이다(수라 5:72).

무슬림 신학자들에 따르면(필시 그들 모두), 누구든지 이 죄들을 범하고 죽기 전에 뉘우치지 못하면 낙원에 들어갈 수 없다. 그와 같은 사람은 하나님이 영원한 지옥 불에 던질 것이다.

보다 큰(greater or graver) 죄

이것은 부모에 대한 자녀들의 반역과 불순종, 살인, 위증, 알라의 용서를 의심하는 것, 그침 없는 죄, 알라의 은혜에 대한 이해타산, 거짓 증거, 마술, 외설에 대한 중상, 음주, 고아들의 소유를 오용하는 것, 고리대금, 간통, 동성애, 도적질, 그리고 군대의 탈영을 포함한다.[10)]

살인이나 간통을 포함하는 모든 중한 죄는 경건한 무슬림이라면 용서받을 수 있는데, 이는 그가 최후의 심판에 예언자 무함마드의 중재를 기대할 수 있기 때문이다.

보다 작은(lesser or lighter) 죄

꾸란은 "더 큰 죄와 추잡한 행위들"(42:37) 뿐 아니라 보다 가벼운 위반들(53:32)을 언급한다. 대중적 이슬람은 작은 죄는 자선을 행하는 것이나 추가적인 금식, 기도를 하는 것과 같이 선한 행위들로 말미암아 속죄를 받을 수 있다고 생각한다. 알라는 보다 작은 죄만을 범한 무슬림에게 결코 낙원에 들어오는 것을 거절하지 않을 것이다.

이와 같이 보다 큰 죄와 더 작은 죄 간의 구분의 결과, 중한 죄를 짓는 무슬림이 여전히 신자로 간주될 수 있는지, 아니면 스스로 지옥의 형벌에 떨어지는 배교자(renegade)일지 하는 질문이 제기될 수 있다.

이 점에 관해 무슬림 신학자들의 의견들은 다양하다. 일부는 무슬림이 중한 죄를 범함으로써 구원을 잃을 수 있다고 추정한다. 예를 들어, 하리즈파(Harijites)는 심각한 죄를 저지르는 사람은 불신자(아랍어로 *까피르*. kāfir)임에 틀림없다고 가르친다. 하리즈파에서 분열된 그룹인 와이드파(Wa'idites) 또한 그와 같은 죄인이 여전히 신자로서 간주될 수 있는지에 대해 의심한다. 시아파의 하위그룹인 자이드파(Zaidites)와 이바드파(Ibādites. 하리즈파의 또 다른 하위그룹)는 그와 같은 중한 죄인은 영원히 불 가운데 처하게 될 것이라 추정한다.

10) Hermann Stieglecker. *Glaubenslehren*. pp. 625-626.

그러나 무타질리파(Mu'tazilites)는 중죄를 짓는 무슬림은 신자와 불신자 사이의 세 번째 등급을 구성하는데, 사악한 자의 등급(아랍어로 알 *파시꾼*. al-fāiqūn)에 속하며, 이슬람을 고백하지만 심각한 죄 가운데 얽매이게 된 경우라고 가르친다. 만약 이들이 범죄를 그치면 그때 다시 신자들이 된다. 그러나 사악한 자가 회개하기 전에 죽으면 알라가 그를 불신자로 간주할 것이다.[11)]

그러나 위의 견해들은 무슬림 신학자들의 다수견해들을 대표하지는 않는다. 대부분은 그가 심각한 죄들을 저질렀으나 죽기 전에 회개할 수 없다 해도 그 무슬림이 낙원에 들어갈 것이라고 추정한다. 알라는 아마 그를 지옥에서 일정 기간 심판 할 것이지만, 그 후에는 무함마드의 중재로 그를 영원한 낙원에 받아들일 것이라 한다(이것은 가톨릭이 믿는 연옥의 교리에 가깝다). 불신자가 죽기 전에 용서를 구하면 그때 알라는 그를 분명히 용서하실 것이고 그를 사전 형벌 없이 낙원으로 받아줄 것이라 한다.

학습 질문

• 꾸란과 성경에 있는 죄에 대한 이해는 구원에 대한 각각의 관점에 어떤 영향을 미치는가?

11) E. E. Elder. "Development." pp. 178-183. Stieglecker. *Glaubenslehren*. p. 634를 또한 보라.

CHAPTER

07

이슬람에서 뉘우침과 용서

The Islamic View of Major Christian Teachings

거의 모든 사람들이 기독교와 유대교와 마찬가지로 이슬람도 세 '아브라함 후손의 종교들'(Abrahamatic religions)에 속한다고 주장할 때, 하나님이 누구신지, 그리고 용서와 구원에 대하여 꾸란과 무슬림 신학자들이 참으로 무엇을 말하는지를 상기하는 것은 무척이나 중요하다. 역사로 쉽게 설명될 수 있는 성경과 꾸란 간의 몇몇 유사점들이 있을지라도, 두 책과 믿음 사이에는 훨씬 더 많고 중요한 차이들이 있다.

알라는 은혜롭고 자비로우시다

꾸란의 기본적인 진술들 중의 하나는 "알라는 자비로우시다"(4:16)는 것으로, "은혜로우시고 자비하신 알라의 이름으로"라는 표현은 꾸란 114장 전체에(9장만 제외) 반복적으로 소개되는 개념이다. 인간은 늘 알라의 자비를 바란다. 만약 인간이 죄를 범한 후, 뉘우치고 그 죄악으로부터 돌아서면 알라는 크거나 작거나 간에 그가 저지른 모든 죄들을 "모든 것을 포용하는"(수라 7:156) 알라의 자비로 용서하실 것이다. 꾸란 3장 135-136절은 알라께 용서를 구하는 모든 믿는 무슬림들에게 용서와 낙원 입성을 약속한다.

> 그리고 그들이 욕된 행동을 하고 자신의 영혼에 불의를 행할 때에는 너희는 알라를 기억하고 그들의 죄에 대해 용서를 구하라. -알라 외에 누가 죄를 용서할 수 있느냐? 그리고 그들이 행한 것을 의도적으로 지속하지 말라. 이들이- 알라로부터 용서를 보상으로 받고 또 밑으로 강이 흐르는 낙원을 보상으로 받는 자들이니 이곳에서 살리라. 수고하는 자에 대한 보답이 이토록 훌륭하지 않느냐?(수라 3:135-136. 수라 4:110도 유사하다).

뉘우침은 돌아서는 것을 의미한다

흥미롭게도 꾸란에서 '뉘우침'(repentance)이나 '참회'(penance. 아랍어로 *타우바*. tauba)에 대해 사용된 말은 실제적으로 '방향의 전환'(to turn about face)을 의미한다. 그러므로 뉘우침은 죄의 형식적인 거부만이 아니라 용서를 위한 알라께의 탄원과 범죄행위를 포기하는 것을 포함한다. 그 결과로 알라는 은혜롭게 그 죄인에게 돌아오셔서 그를 올바른 길로 인도한다는 것이다. 꾸란 57장 28-29절은 다음과 같이 결론짓는다.

> 오, 신앙을 가진 자들아! 알라를 경외하고 알라의 사도를 믿으라. 그리하면 알라는 자비를 곱절로 크게 하여 내려주시며 광명을 주시고 용서를 베풀어주실 것이다. 실로 알라는 가장 관대하시고 자비로

우신 분이시다. 이는 성서의 백성들로 하여금 무슬림은 알라의 은총이 모두 알라의 손에 달렸으니 그 은총을 입을 권한이 전혀 없다고 생각하는 일이 없도록 하려 함이니라. 알라께서는 뜻하시는 자에게 은총을 내려주시느니라. 알라는 무한한 은총을 지니신 분이시다(또한 수라 9:104-106을 보라).

알라의 심판

대부분의 무슬림 신학자들에 의하면, 무슬림 신자가 어떤 죄를 뉘우치지 않고 죽는다 해도 알라는 여전히 그를 용서할 것이고, 아마도 지옥에서의 일정 기간 이후에 그가 낙원에 들어가도록 허락하실 것이라 한다. 그러나 불신(아랍어로 *꾸프르*. kufr)은 통회(contrition) 없이 용서받을 수 없고, 불신자는 지옥의 영원한 고통을 겪을 것이다.

> "죽음에 임박하여 제가 진실로 회개하나이다"라고 말할 때까지 악행을 계속하는 자들과 믿지 아니하여 사망하는 자들의 회개는 받아주실 길이 없다. 우리가 고통의 징벌을 마련한 것은 이들을 위함이다(수라 4:18).

이 불신자의 범주는 오로지 알라께 드려야하는 영예를 다른 존재들에게 부여하면서 여러 신들을 섬기는 우상숭배자들 뿐 아니라 알라를 거절하는 모든 사람들을 포함한다. 이것은 불교도들과 힌두교도들 그리고 한 신보다는 다신을 섬기는 관련 종교들에 속한 신자들을 포함한다. 무슬림의 눈에 유대인과 기독교인 또한 다신숭배자들이다. 왜냐하면 꾸란에 의하면 유대인은 에스라를 하나님의 아들이라 여기고(수라 9:30), 반면에 기독교인은 세 신들을 섬기는데(하나님과 예수 그리고 마리아), 이슬람에 따르면 제 3격의 신성을 지닌 마리아는 예수의 어머니가 되기 위해 하나님의 아내가 되었다고 생각하며, 이것은 무슬림들에게 생각할 수 없는 알라께 대한 불경이다.

'알라 외에 다른 신은 없다'는 이슬람의 가장 중요한 가르침을 거슬러 위반한 모든 사람들은 '많은 신들을 예배하는 자들'로서, 신자라고 정의할 수 없다. 그들은 다신숭배를 뉘우치고 이슬람을 받아들임으로써 용서를 얻을 수 있다고 희망할 수 있을 뿐이다. 불신을 뉘우치고 무슬림이 되는 사람들만이 최후의 심판 날에 알라의 은혜를 바랄 수 있다.

알라에 대한 최종적인 거절

꾸란에 의하면 인간은 알라로부터 돌아서서 사탄의 영향력에 항복하여 죄를 짓지만 뉘우침으로 말미암아 죄인은 알라에게 돌아온다. 그러면 알라가 그에게 얼굴을 돌린다. 불신자 역시 알라께 등을 돌리고 있지만 돌이키지 않기 때문에 최종적인 거절을 당한다. 이러므로 꾸란은 계속하여 너무 늦기 전에 알라의 자비로 돌아와야 한다고 경고하며, 알라는 갑자기 그리고 예기지 않게 그를 최후심판의 형벌을 받게 할 것이며, 그때는 어떤 불신자도 알라의 자비를 바랄 수 없다. 꾸란 39장 53-55절은 말한다.

> 이르라, 오 자신의 영혼을 지나치게 낭비하는 나의 종들아! 알라의 자비를 구하는 희망을 버리지 말라, 알라께서는 실로 관대하신 분이시다. 진실로 알라께서는 너그러우시고 자비로우신 분이시다. 너의 주님께로 돌아가 그분께 복종하라. 일단 징벌이 내리면 구제될 수 없다. 너희들이 모르는 사이에 징벌이 너희들에게 갑자기 닥치기 전에 주님께서 네게 내리신 지고의 가르침을 따르라.

꾸란은 알라에 대한 최종적인 거절뿐 아니라 죽기 전의 통회로 청산해야 하는 고의적인 죄에도 반대하여 경고한다.

> 진실로 알라께서는 무지하여 악을 행하고 즉시 회개하는 자의 회개를 받아들이신다. 알라께서 자비로써 돌아보시는 자들이 이들이니 알라께서는 모든 것을 아시며 현명하시다. 죽음에 임박하여 "제가 진실로 이제 회개하나이다"라고 말할 때까지 악행을 계속하는 자들과 믿지 아니하여 사망하는 자들의 회개는 받아주실 길이 없다. 내가 고통의 징벌을 마련한 것은 이들을 위함이다(수라 4:17-18).

죄의 용서에 관한 이 꾸란의 진술들로부터 무슬림 신학자들은 알라의 용서를 받기 위한 세 가지 필요조건들을 이끌어내었다.

1. 죄인은 그의 죄를 후회하기 때문에 회개해야 한다. 용서를 다루어야만 하거나 알라와 그의 심판을 두려워하는 것 때문에 하는 것이 아니다.

2. 죄인은 결코 다시 죄를 범하지 않도록 결심해야 한다. 똑같

은 죄를 다시 짓고자 결심하면서 동시에 용서를 구하는 것은 신자에게 기대되는 것이 아니다.

3. 죄인은 장차 이 죄를 되풀이하도록 그를 이끄는 모든 경우들을 피해야 한다.

한 번 완성된 용서라도 여전히 반향들(repercussions)이 있다. 만약 사람을 대하여 범죄한 것이면 죄인은 그 손해를 보상해야 한다. 꾸란은 여러 가지 규칙들을 나열하는데, 예를 들어, 살인하는 자에게는 보복으로 갚아야 한다.

대중 이슬람에서 이 생각은 (보충적인 금식이나 특별히 큰 자선과 같은) 어떤 선한 행위들을 참회로써 사용할 수 있다는 개념을 이끌어 냈다. 이 견해에 따르면, 예를 들어, 전투에서 이슬람 신앙을 위해 순교하는 것은 그의 모든 죄를 보상하는 것이다. 순교자는 최후의 심판에서 그의 믿음에 대해 질문을 받지 않고 즉시로 낙원에 들어간다.

메카로의 순례는 모든 커다란 죄들을 무효로 하고, 알라를 즐겁게 해드리는 순례자가 되게 하는데 효과적이라고 간주된다. 사우디아라비아의 메카에 있는 대사원에 위치한 이슬람의 가장 큰 성지(shrine)인 카아바에서 드리는 기도는 다른 곳에서 드리는 기도보다 더 강력하다고 믿는다. 실제적인 이슬람 신앙과 꾸란법에 복종하는 것 대신에 '선한 행위들' 이 분명 무슬림의 삶의 본질적인 부분을 구성하고 있다. 이것이 모든 무슬림들에게 적용이 되는지는 우리가 판단할 수 없으나, 많은 사람들에게는 분명한 사실이다.

용서는 알라의 전능성에서 유래한다

성경과 꾸란의 흥미로운 차이는 하나님 의 용서에 대한 이유에 있다. 성경에서 하나님은 인간을 향한 사랑으로 인해 용서를 베푸신다. 그 사랑은 그분의 아들 예수 그리스도를 세상에 보내셔서 인간의 죄를 위해 죽으심으로 우리로 용서를 받을 수 있게 했다. "하나님이 세상을 이처럼 사랑하사 독생자를 주셨으니 이는 저를 믿는 자마다 멸망치 않고 영생을 얻게 하려 하심이다"(요 3:16). 그분은 죄인들을 사랑으로 불러내어 그분의 용서로 말미암아 그분과의 교제에 들어갈 수 있도록 하셨다.

꾸란에서 알라의 용서는 사랑으로부터가 아니라 그의 전능함으로부터 나온다. 그는 원하는 자를 용서하지만 이것은 그의 사랑의 증거로써가 아니다. 꾸란은 알라의 선과 인간을 향한 그의 자비를 언급하지만 그의 존재의 중심은 그의 능력과 탁월성이다. 그는 너무도 강력하여 알라와 인간과 그의 피조물 사이에 아무런 비교조차 할 수 없다. 인간은 알라의 능력을 제한함직한 어떠한 방도로도 알라를 상상할 수 없기 때문에, 알라의 행위를 예측할 수 없고 그의 행동을 미리 알 수도 없다. 믿는 무슬림조차도, 비록 그가 그것을 바란다 할지라도, 최후의 심판날에 그의 구원을 절대적으로 확신할 수 없는데, 절대적인 안전이라는 것은 알라가 그의 피조물을 다루는 것을 인간이 통제할 수 있다는 것을 의미할 수 있기 때문이다.

이와는 대조적으로 성경은 신자가 하나님의 자녀이고 영생을 얻을 것이라는 절대적 확신을 강조한다. "아들이 있는 자에게는 생명이 있고 하나님의 아들이 없는 자에게는 생명이 없다. 내가 하나님의 아들의 이름을 믿는 너희에게 이것을 쓴 것은 너희로 하여금 너희에게 영생이 있음을 알게 하려 함이라"(요일 5:12-13).

학습 질문

• 꾸란과 성경에 의하면 인간은 왜 뉘우쳐야 하며, 알라 혹은 하나님은 어떤 기반들 위에서 행동하시는가?

CHAPTER

08

이슬람에서 믿음의 의미

The Islamic View of Major Christian Teachings

서구인들은 종종 무슬림의 믿음은 오로지 엄격한 규칙들과 규정들에 대한 복종에 달려있으나 '마음속에 살아있는 믿음'을 위한 여지는 없다고 추측한다. 꾸란과 이슬람 학자들은 '알라에 대한 믿음'(faith in Allah)을 어떻게 정의하는가? 무슬림은 구원의 확신을 갖고 있는가?

꾸란에서 '믿음'(faith)이란 용어는 의심의 여지없이 '어떤 것이 확실하고 믿을만하다고 간주하는 것'을 의미한다. 믿음은 오로지 알라가 주실 수 있고, 무엇보다도 인간이 알라의 위대성과 우월성, 그리고 인간을 향한 그분의 자비에 대한 보은의 마음으로 알라께 빚진 종이라는 자신의 위치를 인식하는 것을 의미한다.

> 알라께서는 진리로 하늘과 땅을 창조하셨다. … 그분은 한 방울의 정액으로 사람을 지으셨다. … 가축 또한 알라께서 사람을 위해 지으셨다. 그들로부터 따뜻함과 그 밖의 용도를 찾으며 그 중 일부는 너희가 먹는다. 그리고 너희는 저녁 때 가축을 집으로 몰아오고 아침에 풀밭으로 몰고 나갈 때 그곳에는 너희를 위한 아름다움이 있다. 가축은 너희가 스스로 수고로이 가야하는 땅까지 너희의 짐을 운반해 준다. 실로 너희의 주님은 동정심이 많으시고 자비로우시다. 또한 알라

께서는 아름다움의 근원으로, 또 너희가 타고 다닐 수 있도록 말과 노새와 당나귀를 지으셨다. 그리고 그분은 너희가 아직 모르는 것을 지으셨다(수라 16:3, 4, 5-8. 수라 16:1-21과 비교하라).

일반적으로 꾸란은 인류를 두 그룹, 즉 무슬림들(신자들. 아랍어로 *알 무으미눈*. al-mu'minūn)과 비 무슬림들(불신자들. 아랍어로 *알 까피룬*. al-kāfirūn)로 나눈다. 불신자는 알라와 그분의 선하심을 향해 감사하지 않고, 무엇보다도 계시의 선물인 꾸란에 대해 감사하지 않는다. 그러나 신자는 모든 선의 원천인 그분께 영광을 돌리고 그분의 계시를 법으로 인정하면서 알라께 입은 은혜에 감사한다. 그것은 낙원에 들어갈지 혹은 지옥에 들어갈지 심판 날에 그의 운명을 결정하는 개인의 믿음이다. 그 믿음이 구원을 위해서 필수적이라는 것을 모든 무슬림 신학 학파들이 받아들인다.[12] 하지만 믿음의 구성에 관해서는 의견들이 다르다. 다음 가능성들이 포함된다.

- 필요한 어떤 공적인 고백이 없는, 하나님의 계시의 진리에 관한 내적 확신
- 마음의 내적 확신과 함께 결합된 이슬람의 신앙고백
- 규정된 무슬림 의무들의 수행
- 무슬림의 의무와 선행의 수행과 결합된 무슬림의 믿음의 확신[13]
- 무슬림의 믿음의 고백, 내적 확신 그리고 선행[14]

12) L. Gardet. "Imân". in: Encyclopaedia of Islam. Vol. III. E. J. Brill: Leiden 1986. pp. 1070-1074.
13) Gardet. "Imân" pp. 1070-1071.
14) Stieglecker. *Glaubenslehren*. pp. 570-571.

필요한 믿음

꾸란은 필요할 때만 알라를 부르고 나중에는 그분을 잊어버리는 사람들을 분명히 정죄한다. 예를 들어, 꾸란 39장 8절은 이렇게 말한다.

> 재난이 인간에게 닥쳐올 때 인간은 주님께 회개하며 기도한다. 그러나 그분께서 은혜를 내리시면 그는 전에 그분께 기도한 것을 잊어버리고 알라를 거역하기 시작하여 인간들을 알라의 길에서 방황하게 하려고 한다. 이르라, "너희의 불신으로 자신을 즐기는 것은 잠시일 뿐, 너희는 반드시 불길 속으로 떨어지게 될 것이다!"

그러므로 알라는 인간에게서 창조주를 향한 보은의 마음에서 우러나오는 믿음을 찾으며, 필요한 순간적 상황에서 계산된 믿음을 요구하지 않는다. 말씀의 실제적인 의미에서, 진실한 무슬림은 끊임없이 알라의 도움과 지원을 신뢰하며, 그분을 찾기 전에 위급한 상황이 일어날 때까지 기다리지 않는 사람이다. 예를 들어, 꾸란은 무함마드 당시에 있었던 아랍의 베두인들을 힐난하는데, 그들은 이슬람을 공개적으로 고백하였으나 마음으로는 믿지 않았기 때문이다. "사막의 아랍인들은 '우리는 믿습니다'라고 말한다. 그들에게 이르라, '너희들은 아직 믿지 아니하니', '우리는 이슬람을 받아들였습니다' 라고 말하지만 너희들 마음속엔 아직도 진실한 신앙심이 깃들지 아니하였다"(수라 49:14).

동일한 방식으로, 꾸란은 그 특권들을 즐기기 위해 무슬림들이라고 공언하는 위선자들(아랍어로 *무나피꾼*. munāfiqūn)의 가장된 믿음을 정죄한다. 이슬람 전통의 수집가인 부카리(Buḫārī)는 '종교적 교훈' 은 세 가지 요소들로 구성되어 있다고 썼다. 그것은 믿음의 내용, 이슬람의 실천, 그리고 이 실천의 내면화로, 이는 마치 개인이 알라의 존전에 있는 것처럼 늘 행하게 하기 위함이었다.[15]

믿음과 행위

대다수의 무슬림 신학자들은 이슬람 신앙이 어떤 사실에 대한 정신적인 동의나 또는 어떤 규칙들에 대해 기계적으로 복종하는 것보다도 더한 것이라고 가르치는데, 그것은 알라의 뜻에 대한 개인의 헌신과 그분의 통치권에 대해 인식하는 것이다. 이것이 가족과 사회 그리고 국가 안에서 그의 행동에 대한 결과를 낳는다. 질문의 여지없이, 이슬람 신앙은 어떤 종교단체의 외적인 회원 자격이나 또는 특별한 교리들에 대한 이론적 동의만으로 묘사될 수 없다.

꾸란에 의하면, 어떤 특별한 행동들과 행위들은 신앙의 필수적인 양상들이며, 모든 무슬림에게 요구된다. 물론 이슬람의 다섯 기둥들인 신앙고백, 매일 다섯 차례 메카를 향하여 아랍어로 하는 기도, 가난한 자들에게 자선을 베푸는 것, 라마단의 달에 30일간 금식하는 것, 그리고 메카 순례가 먼저 떠오른다. 이 요구사항들 외에도 꾸란은 알라에 대한

15) Gardet. Islam. p. 30.

다른 실천적인 신앙적 표현들을 묘사한다. 꾸란 2장 177절은 결론짓는다.

> 그러나 알라와 최후의 날과 천사들 그리고 성서와 예언자들을 믿으며, 알라에 대한 사랑을 위해 친척과 고아 그리고 곤궁한 자, 나그네, 자비를 구하는 자들, 그리고 노예들의 속전을 위해 자신의 돈을 베푸는 것, 기도를 준수하고 자선금을 납부하는 것이 정의이다.[16)]

꾸란 23장 1-11절은 겸손하게 기도하는 신자, 그의 아내와 노예들 외의 다른 여자들과 성적인 관계를 갖지 않는 자, 그에게 위임한 부(富)를 정직하게 사용하는 자, 그리고 그의 의무와 기도를 드리는 자에게 낙원을 약속한다.

이슬람의 신앙 고백

개인적인 행동 규칙들 외에, 꾸란은 신자로 여김을 받기 위해 무슬림이 믿어야 하는 어떤 특별한 교리를 공식화하지 않는다. 신약성경의 기독교 초기 몇 세기와 같이 이슬람에서는 공식적인 회의를 개최하거나 교리적 결정들을 만들지 않았기 때문에, 모든 무슬림들을 묶어주는 어떤 공식적인 신앙고백도 정식화되지 않았다. 상세하게 진술된 기독교의 사도신경과 니케아 신경과는 대조적으로, 이슬람의 첫 기둥은 단지 두 요점들, 즉 알라의 존재와 무함마드의 예언자적 직능에 대한 믿음만

16) 가난한 자들을 위한 조세.

을 말한다. "나는 알라 외에는 다른 신이 없으며 무함마드는 그분의 예언자이라는 것을 고백합니다." 이러한 이유로, 모든 무슬림에게는 보통 세 개의 믿음의 진술들만이 요구될 뿐이다.

- 오로지 한 알라만 있다는 믿음
- 무함마드는 그의 예언자라는 믿음
- 모든 인간은 최후의 심판에 알라 앞에 나타내보여야 한다는 믿음

때때로 다음과 같이 두개의 믿음의 진술이 더해진다.

- 천사들에 대한 믿음
- 계시된 거룩한 책들에 대한 믿음

이 진술들 이외에 무슬림 신학자들은 예언자들의 죄 없음 혹은 알라의 절대적인 통치권과 같은 기본적인 교의들을 수집하였는데, 이것들은 일반적으로 무슬림 신학에서 수용되기는 하지만 모든 신자들을 묶어주는 믿음의 진술로 공식화되지는 않았다. 19세기에 잘 알려진 개혁 신학자인 무함마드 라쉬드 리다(Muhammad Rashīd Ridā, 1865-1935)는 카이로에 살았는데 이슬람의 믿음을 다음과 같이 정의했다.

"예배의 행위, 악하고 책망 받을만한 행동들을 피하기 위한 주의, 사회적 관계들 안에서의 옳음과 정의를 존중하는 것, 그리고 영혼을 정화하고 그것을 미래의 삶을 위해 준비하는 것이다. 한 마디로, 인간을 알라께 가까이 데려오게 하려는 목표를 갖는 모든 법들로 구성된다."[17)]

결론

성경이 말하는 믿음에 대한 배경에 앞서, 꾸란과 무슬림 신학자들이 내린 믿음의 정의는 차이점뿐 아니라 유사성도 나타내 보인다. 성경 또한 믿음이 여러 규정들에 대한 단순한 수용이나, 교리들에 대한 이론적인 동의, 혹은 어떤 종교적인 모임의 멤버십보다 더한 것임을 제시한다. 한편으로 성경적 믿음은, 이슬람에서 하는 것과 같이 단지 하나님의 통치권에 대한 겸손한 인정보다는 '하나님에 대한 견고하고 흔들리지 않는 신뢰' 라고 볼 수 있다. 의심하지 않으며, 눈으로 보지 않고도 확실해지는 견고한 믿음이 성경에서는 모범적으로 간주된다(히 11장과 비교하라). 히브리서 11장 1절은 믿음을 "바라는 것들의 실상이요 보지 못하는 것들의 증거"로 정의한다.

동시에 성경은 믿음이 결코 교리적인 교훈들을 인정하는 것만이 아니라는 것을 분명히 한다. ("네가 하나님은 한 분이신 줄을 믿느냐? 잘 하는도다. 귀신들도 믿고 떠느니라." 약 2:19). 오히려 성경의 믿음은 사람의 행동 안에서 표현되는 하나의 확신이다. ("아아 허탄한 사람아, 행함이 없는 믿음이 헛것인 줄 알고자 하느냐?" 약 2:20. 혹은 "이와 같이 행함이 없는 믿음은 그 자체가 죽은 것이라." 약 2:17). 성경은 또한 이것을 '열매를 맺는 것' 이라 부른다. "저가 내 안에, 내가 저 안에 있으면 이 사람은 과실을 많이 맺나니"(요 15:5). 진실로 믿는 자는 누구든지 하나님 앞에 회개하는데, 이는 단지 이론적인 죄의 확신이 참 확신이 아니기 때

---

17) Muhammad Rashīd Ridā. *al-hilāfa au al-imāma al-'uzma*. Cairo 1922., p. 192, quoted from: *Encyclopaedia* of Islam. Vol. II. E. J. Brill: Leiden 1986. pp. 293-296, here p. 294.

문이다. 그리스도 안에서 참 신자는 하나님의 표준에 따라 행동하는데, 그렇지 않으면 그는 하나님의 말씀의 진리를 참으로 확신하지 않는다는 것을 증명하기 때문이다. "저 안에 거한다 하는 자는 그의 행하시는 대로 자기도 행 할지니라"(요일 2:6).

학습 질문

• 이슬람과 기독교에서 각각 확고한 사실이라고 여겨지는 믿음이 실재와는 얼마나 멀리 떨어져 있으며, 인간과 알라 혹은 인간과 하나님과의 관계는 얼마나 거리감이 있는가?

CHAPTER

09

기독교인과 무슬림의 기도

The Islamic View of Major Christian Teachings

무슬림의 기도는 기독교인의 기도와 스타일, 내용, 형식, 그리고 의도에 있어서 근본적으로 다르다. 기도는 이슬람에서 핵심적인 중요성을 지닌다. 기도의 중요성은 아무리 강조해도 지나치지 않다. 무슬림이 '기도'를 언급할 때, 그것은 일반적으로 의식적인 의무기도를 의미하는 것으로 매일 다섯 차례 반복하는 것이다. 의식적인 기도는 아랍어로 쌀라트(salat)라 하는데 매일 정해진 시간에 모든 성년 무슬림 남녀가 메카를 향하여 아랍어로 수행해야 한다. 하루 다섯 번의 기도들 중 하나를 잊어버리거나 그냥 생략한 무슬림은 나중에라도 보충해야 한다.

정해진 기도 시간

무에진(Muezzin. 아랍어로 무안딘. mu'a<u>dd</u>in)은 모스크의 뾰족탑(Minaret)에서 신자들을 기도하러 오라 부르는데, 요즈음에는 보통 녹음된 것을 사용한다. 기도방송이 울려 퍼질 때("알라는 가장 위대하시다 … 알라 외에 다른 신은 없고 … 무함마드는 알라의 사도이다"), 무슬림 전통이 언급하고 있듯이, 단지 의식적인 기도만 허락될 뿐이지 자유로이 고안해낸 기도는 안 된다. 의식적인 기도는 정해진 시간에 수행되어야 한다. 많은 모스크에는 다섯 종류의 시계들이 걸려있는데, 이렇게 함으로써 무슬림 신자가 언제 기도를 드려야 하는지를 안다. 날마다 시간이 약간씩 바뀌지만 아침 기도는 해뜨기 전의 기도(여름에는 새벽 4시 이전이 될 수 있다), 해가 중천에 미치기 직전 정오의 기도, 해가 중천에 미치고 해지기 전 오후의 기도, 해진 후 저녁 기도, 그리고 어두워졌을 때 행해지는 밤 기도이다. 다른 (특정) 시간의 기도는 금지되어있는데, 예를 들어, 해 뜨는 동안이나 혹은 해가 중천에 미쳤을 때이다. 비 무슬림들의 기도는 원칙상 효력이 없다.

의무적인 기도는 어떻게 발달했나?

하루 다섯 차례 기도하도록 요구하게 된 것은 원래 7세기 이슬람의 가르침이 아니었다. A.D. 622년에 첫 무슬림 공동체가 메카에서 메디나로 망명한 히즈라(hijra)의 시기에 기록된 꾸란 11장 14절은 무함마드가 하루에 세 차례 기도하도록 지시받았다고 처음으로 언급한다. 의식적인 기도를 수행해야하는 의무가 모든 무슬림을 위해 정해진 것은 A.D. 620-624년 사이인 것으로 보인다(7:204-206 등). 꾸란 24장 58절 또한 매일 아침, 정오, 그리고 저녁의 세 차례 기도를 언급한다. 약 100년 후 8세기 전통은 무슬림들이 하루에 다섯 차례 기도하도록 지시받았다고 한다. 이슬람 포교 이후 몇 년이 경과하여 무함마드는 그의 신봉자들에게 예루살렘을 향해 기도하라고 요청하였으나(유대인 공동체로 하여금 무함마드를 그들의 예언자로 받아들이도록 하기 위한 것이었다)

A.D. 624년 이후 무함마드는 기도의 방향을 메카로 바꾸었다.

꾸란은 무슬림들이 어떻게 기도해야 하고 몇 차례 기도해야 하는지를 언급하지 않는다. 단지 전통이 일부 암시와 설명을 해주지만, 반면에 네 개의 순니 학파들과 주요 시아 법학파는 일부 세부사항에 있어서 서로 차이를 보인다. 민속이슬람(Folk Islam)은 무함마드가 부라크(buraq. 두 날개를 가진 말과 비슷한 흰 동물)를 타고 하늘에 들림 받은 때가 있었다고 말하는데, 그때 알라는 무함마드에게 무슬림 신자들이 하루에 50번을 기도하도록 가르치라고 명령하였다 한다. 그러나 모세가 기도 횟수를 다섯 번으로 줄여달라고 알라께 간청하도록 무함마드에게 재촉하였을 때, 알라는 이를 허락하였으며 무함마드는 지구로 돌아왔다 한다.

무슬림들이 행하는 의식적인 기도는 단순한 기도가 아니다. 내용과 형식, 스타일 그리고 방식이 자세히 규정되어 있다. 그 기도에 대한 개념은 무슬림이 전적으로 기도만 하는 것이 아니라, 그의 기도가 '유효하도록' 상세한 요구사항들 모두를 정확히 이행하는 것이다.

기도의 자세와 적합한 복장

기도에는 규정된 여러 자세들이 있다. 첫째, 무슬림은 이슬람의 중앙 성소인, 메카에 있는 카아바를 향하여 바라보아야 한다. 그리고는 꾸란의 마지막 수라의 첫 절을 암송한다. "나는 인류의 주님 안에서 은신처를 찾노라"(114:1). 그 다음 뒤따르는 '목표의 선언'(아랍어로 *니야*.

niyya)은 기도를 유용하게 하고, 이어지는 기도에서 몇 번이나 엎드릴 것인지(아랍어로 *라카아*. rak'a)를 결정하기 위해 필수적이다. 그 다음으로 무슬림은 "알라는 위대하시다(혹은 더 위대하시다)!"라 말하고 기도가 끝날 때까지 헌신의 상태에 들어간다. 그 후에 "당신을 송축합니다. 오 알라시여, 당신을 송축합니다. 당신의 이름은 위대하십니다. 다른 신은 없습니다!"라는 찬양의 기도를 하고서, 첫 수라인 파티하(Fatiha)와 추가적인 꾸란 구절들을 암송하고 다시 알라를 찬양하기 위해 엎드린다.

그리고서 "알라께서 영광을 받으시기를!" 혹은 "나의 주님, 지극히 높으신 분이 영광을 받으시기를. 그분께 영광을!"이라 말하며, 일어서서 "알라께서 그분을 찬미하는 사람들을 들으시기를!"이라 말한다. 그리고는 무릎을 꿇고 "알라는 위대하시다!"라고 말한다. 그는 땅에 엎드려서 발가락과 무릎, 손바닥 그리고 이마를 바닥에 대며 3회 이상 반복하여 "나의 주님, 가장 높으신 분인 당신께 찬미를 드리나이다" 하고 말한다. 그리고는 다시 무릎으로 돌아와서 "알라는 위대하시다!"를 되풀이한다. 얼굴이 땅에 닿을 때 "나의 주님, 나를 용서하시고 내게 자비를 베푸시고, 내가 마땅히 해야 할 것을 내게 주시고, 나를 바른 길로 인도하여 주소서"라고 간청하고, 이것으로 첫 번째 기도(obeisance. 여기까지의 한 순서를 '라카아'라 한다: 역주)를 완성한다.

아침기도에서 무슬림은 그와 같은 기도(라카아)를 두 번 혹은 네 번을 반복하며 기도한다. 한낮의 기도와 오후 기도에서는 네 번에서 여덟 번까지, 저녁에는 세 번에서 다섯 번까지, 그리고 밤 동안에는 적어도 네 번 혹은 최대 열두 번까지 기도한다. 무슬림은 또한 기도하는 동안에 알라와 무함마드를 향해 인사(salutations)를 드린다. 무함마드의 가족과 무함마드를 위해 축복하는 것뿐만 아니라, 무슬림의 강령인 샤하다(Shahada. "알라 외에는 다른 신이 없고 무함마드는 그분의 사도이다")를 여러 차례 반복한다. 그 축복들은 무함마드를 구원해달라고 알라께 탄원하는 것으로 이해될 수 있는데, 이는 무함마드가 이미 낙원에 들어갔는지를 아무도 확실히 모르기 때문이다. 기도 끝에 무슬림은 그의 오른쪽과 왼쪽을 바라보면서 "평화가 당신에게 임하고 알라의 은총이 함께 하기를"이라 말한다. 모스크에서 기도하는 동안에 무슬림은 그의 옆 사람들에게 이 말을 한다. 만약 그가 집에서 기도한다면 두 천사들에게 이 말을 하는데, 민속이슬람에서는 각 사람의 좌우측에 천사가 서서 신자의 모든 선하고 악한 행동을 지켜본다고 믿는다.

의식적인 기도의 본질은 알라와 그의 무한한 능력에 복종하며 절대적인 항복과 헌신을 나타내는 것인데, 이는 알라를 향한 인간의 합당한 태도의 가시적인 표현으로, 참 신자('무슬림'이란 용어는 '〈알라께〉 복종하는 사람'이란 의미)의 표시이다. '이슬람'은 알라를 향한 복종과 헌신을 의미하는 것이지, 많은 무슬림들이 주장하는 것처럼 '평화'를 의미하는 것이 아니다(무슬림들은 인간들이 완전히 이슬람으로 개종하면 지구에 완전한 평화가 올 것이라고 생각한다). 이러므로 이슬람의 기도의식은 기본적으로 복종의 행동이며 알라의 전능성을 가시적으로 인정하는 것이지만, 많은 무슬림들에게 그것은 또한 알라께의 진정한 충성과 찬미의 표현이다(50:39-40). 많은 무슬림들은 매우 진지하게 기도를 드린다.

기도는 또한 개인을 거대한 이슬람 공동체(아랍어로 *움마*. umma)에게, 알라께, 그리고 심지어는 예언자 무함마드에게 묶어 주는데, 이는 각각의 요구된 기도에서 그에게 축복이 임하기를 기원하기 때문이다.

기도하는 동안에 신자는 적합한 복장을 취하고 모든 필요한 세부사항을 준수해야하는데 이는 의식의 순서와 엎드리고 무릎을 꿇는 적당한 자세들을 포함한다. 의식들로부터 벗어나는 행위들, 즉 먹고 말하고 걷는 것은 기도를 무효로 함으로 (기도를 *바띨*. batil로 만든다) 매일 다섯 번 요구되는 기도들 중의 하나로 간주되지 않는다. 기도의 말과 복장이 규정될 뿐만 아니라 기도하는 방향과 특정한 시간이 규정되어 있다. 기도 전에 세정식(ablution)을 통해 의식의 정화를 꾀하는 것은 '목표선언'(몇 번이나 엎드릴 것인지를 정하는) 못지않게 중요하다. 만약 기도 중에 어떤 실수를 하면 전체의 진행과정이 처음부터 끝까지 다시 되풀이되어야 한다. 경건한 무슬림들은 어떤 실수를 하였을 경우에 추가적인 기도를 자주 반복한다.

의식적 정화와 세정

기도 전에 무슬림은 물로 '덜(lesser)' 씻든지 혹은 '더(greater)' 씻든지 하여야 한다. 만약 물이 없으면 모래를 사용한다. 스스로를 정결케 하는 자들만이 알라께 다가갈 수 있기 때문이다(수라 4:43). 남자들은 몸에서 나오는 어떤 유동체를 만지거나, 알코올이나 돼지고기를 만지거나 먹으면 불결해질 수 있으며, 여자는 월경이나 출산의 경우에 불결해질 수 있다. 여자들은 나중에 다시 '정결케' 되었을 때 모든 빠뜨린 기도들을 수행해야 한다. 경건한 무슬림들은 그들이 의식적으로 불결해진 것은 아닌지를 자주 걱정하는데, 이는 부정(不淨)한 상태가 기도를 무효화(무익하게) 하기에('작은 죄들'은 그렇지 않다), 부정한 상태를 '작은' 죄들보다 더 무겁게 여기기 때문이다. 꾸란은 "진실로 알라는 자신을 청결하게 하는 자를 사랑하신다"(2:222; 9:108)고 말한다. 전통에 의하면 정화의식은 믿음을 강하게 하고 뉘우치게 하며 죄 있는 신자들을 정결케 한다. 덧붙여, 남자는 배꼽으로부터 무릎까지를 가려야 하고 여자들은 완전히 가려야 하는데, (법학파들 간에 일부 차이들이 있지만) 손과 얼굴은 가리지 않은 채로 행할 수 있다.

자원하는 기도와 자유로운 형식을 갖춘 기도

하루에 다섯 번 요구되는 의식적인 기도 외에도 별도의 의식적인 기도들이 또한 드려지는데, 예를 들어, 모스크에서의 금요예배나 혹은 라마단 끝에 하는 것과 같은 특별한 절기들에 참석하여 드리게 된다. 비록 신자가 자기 방식으로 자유롭게 기도를 드린다 할지라도 기도서들은(대부분 수피 기도서들이다) 기도의 형식을 담고 있다. 이슬람은 또한 병중에 혹은 죄 용서를 받기위해 찬미와 탄원의 기도를 권한다. 이러한 종류의 기도(아랍어로 *두아*. du'ā)는 의무적인 의식적 기도들에 대비되는 부차적인 가치만을 갖는다.

추가적으로 꾸란은 자신의 기도제목을 가지고 알라께 나아가 응답을 받은 사람들에 대해 말한다(3:38; 19:2-4). 알라는 백성들에게 그의 도움을 구하도록 명하여, 그가 그들의 요구사항들을 성취할 수 있도록 하신다. "내게 기도하면 내가 너희의 기도를 들을 것이다"(40;60)거나 혹은 "그리고 나의 종들이 그대(무함마드)에게 물으면 그때는 확실히 내가 가까이 하리라. 나는 애원하는 자가 내게 부르짖을 때 그의 청을 들어준다"(2:186)고 말한다. 무슬림들은 그들이 필요에 처해 있을 때 알라의 도움을 바라지만 알라께 일상의 필요들을 요청하는 데는 익숙하지 않다. 사유기도는 일반적으로 성인들의 무덤에 가서 요청사항들을 빌거나, "내게 자비로우신 주님…"과 같은 상투적인 어구들을 말한다. 자유기도는 집에 들어올 때나 음식을 먹기 전에, 환자를 방문하거나 여행할 때, 어떤 사람이 죽거나 혹은 금식의 달에 또한 드릴 수 있다. 기도의 상투적인 표현들은 "자비로우시고 긍휼하신 알라의 이름으로"(*바스말라*. the Basmala), "알라께서는 위대하시다", "알라께서 영광을 받으소서", "알라를 찬미하라", 혹은 "오, 알라시여, 당신의 축복을 무함마드와 그의 가족에게 내리소서"와 같은 것들이다.

죄를 상쇄하는 기도

기도를 의도적으로 이행하지 않는 것은 무슬림이 범할 수 있는 가장 끔찍한 죄들 중의 하나이다. 전통이 말해주듯이, 그의 태만은 그로 하여금 죽기 전에 뉘우치지 않으면 지옥으로 던져질 불신자와 같게 만든다. 이슬람의 전통은 "심판 날에는 첫 번째로 기도에 대해 조사를 받을 것이다"라고 말한다. 사람들은 사원에서 있는 금요기도에 주마다 참여해야 한다. 한 전통은 기도에 참여하지 않는 사람의 믿음은 무익하다고 선언한다. 그와 같은 사람의 금식이나 순례가 알라 보시기에 아무런 가치가 없기 때문이다. 비록 민속이슬람에서는 사원에서 기도하는 것이 더 가치가 있다고 간주할지라도, 집에서 기도하는 것은 사원에서 기도하는 것과 동일한 가치가 있다. 대중적인 이슬람(popular Islam)은 기도가 작은 죄들을 상쇄시키며 메카의 대사원에서 하는 기도는 주요 범죄들까지 속한다고 믿는다.

병중이든 불구이든 기도를 태만히 하는 것에 변명할 수 없는 것은, 누구든지 이전에 놓친 기도들을 늘 보충해야 하며, 죽어가는 자들도 마음속으로 기도해야 하기 때문이다. 어린이들은 일곱 살 때부터 기도하는 것을 배워야 하는데, 일부 신학자들은 그들이 약 열 살이 될 때 기도하는 것을 강제로 (심지어 때리면서) 시킬 것을 권한다.

기도는 (금식이나 순례를 행하는 것과 같이) 심판 때에 저울에 달 공적이고, 개인의 구원과 낙원으로 들어가는데 기여하지만, 동시에 의무기도는 또한 하나의 부담이다. 특히, 예를 들어, 장기간에 걸쳐 놓쳐버린 모든 기도들을 따라 잡아야 하기 때문이다. 일생에서 매일 다섯 차례 기도를 정확히 지킬 수 있는 사람은 아무도 없기에, 무슬림은 그 의무사항을 성취하지 못하고 죽을까봐 계속 두려워하며 고뇌로 시달린다. 이처럼 기도는 알라와의 관계에 있어서의 즐거운 표현이 아니다. 거기에는 사랑하는 아버지(loving Father)와의 확신에 찬 대화가 없기 때문이다.

성경에 나오는 기도

성경에서 기도는 늘 자원하는 것이며 결코 의무가 아니다. 그럼에도 이는 하나님이 그 자녀들에게 기도하라 말씀하신 사실과 모순되지 않는다. 기도는 늘 하나님과의 개인적 대화이고 엄청난 특권이다. 죄 많은 인간은 하나님께 접근할 자격이 없지만, 예수께서 탄원자들을 위해 간구하고 그를 "모든 불의"로부터 정결케 하시기 때문에(요일 1:9) 인간은 그의 "은혜의 보좌"에 계신 하나님께 나아갈 수 있다(히 4:16). 자신의 필요를 가지고 기도하는 가운데 성령께서는 사람의 소원에 영감을 불어넣어 하나님께로 돌이키게 하시지만, 반면에 이슬람에서는 알라 앞에 탄원자가 땅에 엎드려 규정된 기도문을 가지고 요구되는 것을 이행해야 한다고 명한다.

성경에 의하면 누구든지 하나님 앞에 아무 것이나 가져와서 언제든지 기도할 수 있다. 많은 경우에 있어서 성경은 기독교인들이 계속해서 기도해야 한다고 말하지만, (성경이 자주 아침과 정오 그리고 저녁에 하는 기도를 언급할지라도) 특별한 시간을 언급하지는 않는다. 왜냐하면 하나님은 그분의 자녀들에게 아버지이시고, 그들의 기도를 들으시며 그들을 위해 최상의 것을 행하시기 때문이다. 물론 이것은 그들이 요구하는 모든 것을 자동적으로 주신다는 것을 의미하지는 않는다. 기도는 창조주와 피조물 간의 활발한 관계의 표현이다. 기도는 신자가 하나님을 예배하고 그분께 감사하기를 원할 때, 그분을 찬양할 때, 중보 할 때, 그리고 의심과 두려움 혹은 무력함을 표현하기 위해, 구조를 청하기 위해, 그의 고충들을 표현하기 위해, 혹은 용서를 구하기 위해 드릴 수 있다. 교회와 회중의 기도는 특별한 약속들 아래에 위치해 있다(마 18:18-20). 하나님의 자녀들은 '사랑하는 아빠'(Dear Papa, Abba, dear Father. 롬 8:15)라는 친근한 어조로 그분께 다가갈 수 있는데, 그것은 친근감과 확신, 관심과 사랑의 그림이 아닌가? 이슬람에서 알라는 아버지가 아니며, 그는 자신의 창조물과 같은 수준으로 결코 끌어 내려질 수 없는 창조주일 뿐이다.

성경은 신자에게 요구하는 기도의 형식이나 분량을 규정하지 않는다. 예수께서 하신 기도처럼, 시편과 다른 본문들은 그 가능성들을 제시하지만 의무사항은 아니다. 예수님은 어떠한 특정 방향이나 특정 장소에서 기도를 드려야 한다는 생각을 반박하시는데(요 4:16), 그 이유는 그분이 바로 하나님께로 이르는 길이시기 때문이다. 성경은 기도시간과 최소한의 기도의 횟수, 자세, 특별한 옷차림, 세정, 형식, 혹은 하나님을 기쁘시게 하거나 받아들여 주시도록 필수적으로 해야 하는 말들을 규정하지 않는다. 말보다는 개인의 태도가 필요하다. 기도는 진지해야 하는데, 믿음을 가지고(마 21;22; 약 1:6), 하나님 앞에 겸손해야(약 4:6; 눅 18:13)하며, 하나님이 우리를 용서하신 것과 같이 다른 사람들을 용서해야 한다(마 6:14-15). 불신자도 기도할 수 있는데, 이는 성령이 그에게 말씀할 수 있기 때문이며, 응답받은 기도의 경험을 통해 그를 하나님께로 인도할 수 있기 때문이다.

의식적 정화를 위한 물은 하나님의 눈으로 볼 때 우리를 정결케 하는 것이 아니다. 우리가 순결해져야 한다면 피가 흘려져야 하는데(히 9:22), 오로지 그 희생 제물이신 예수님의 피만이 이를 충족시킨다(히 10:14). 우리의 기도가 최후의 심판 날에 우리를 구원하는 것이 아니다. 구원은 오직 믿음을 통해 은혜로만 주어지기 때문이다(롬 5:1-2; 갈 3:11-14).

학습 질문

- 무슬림이 하는 기도와 기독교인이 하는 기도의 특성을 각각 설명해 보자.

CHAPTER

10

꾸란의 아브라함

The Islamic View of Major Christian Teachings

꾸란을 읽다보면 노아와 아브라함, 모세와 마리아, 혹은 예수와 같은 성경의 인물들이 종종 언급되는 것을 보는데, 그들의 생애에 대한 기사는 성경의 설명과 많이 다르다. A.D. 7세기에 무함마드가 기독교인과 유대인 그룹과 접촉하였고 또 성경적인 것과 성경 외적인 이야기들에 익숙해 있었음에 틀림없으므로, 꾸란에 성경의 자료들이 포함되어 있는 것은 놀랄만한 일이 아니다(물론 무슬림들은 이를 다르게 보며, 꾸란은 직접적이고 순수한 알라의 계시와 관련되어 있다고 생각한다).

무함마드는 특히 구약성경의 족장들과 예언자들의 이야기를 자신의 생애와, 그리고 그가 역사 속에서 최후의 가장 중요한 예언자라는 상상의 소명에 대한 배경으로 사용하였다. 꾸란의 서술들은 그 형식과 내용에 있어서 모두 현저하게 비슷하다. 알라는 그들의 불신과 우상숭배 때문에 야기된 임박한 심판에 대하여 백성들에게 경고하기 위해 한 예언자를 보내지만 그들은 이 예언자를 믿지 못한다. 메시지를 듣는 대부분의 사람들은 회개하기를 거부하기 때문에, 알라는 형벌을 보냄으로써 예언의 진실성을 확증하시는데, 그 경고에 주의하는 사람들만은 살리신다.

아브라함의 이야기는 이와 비슷한 유형을 따른다.

역할 모델로서의 아브라함

아브라함, 혹은 꾸란에서 칭해지는 대로 이브라힘(Ibrâhîm)은 이슬람의 가장 중요한 예언자들 중의 하나로 114개의 장들 중에서 25개의 장에서 언급된다. 꾸란은 그를 "진실한 사람, 한 예언자"(19:41)요, "청렴하고"(4:125) "알라께 복종하는 자"라 부르는데, 알라는 그를 선택하고 "곧은 길로 인도"(16:120-121)하였다. 그는 "참을성이 있고, 유순한 마음을 지녔고, 자주 알라께 돌아온다"(11:75). 성경에서와 같이[18] 꾸란은 그를 알라의 '친구'로 명명한다. "알라는 이브라힘을 친구로 취하였다"(4:125).

꾸란 역시 다음 세대를 위한 아브라함의 중요성을 가리키지만, 반면에 성경은 그를 그의 발자취를 따르는(롬 4:12) '모든 믿는 자들의 아버지'(창 15:2; 롬 9:7-8), 즉 모든 기독교인의 선각자로서 묘사한다. 꾸란에서의 그의 직능은 신자들의 본보기이다. "확실히 나는 너를 사람들의 이맘으로 삼을 것이다"(수라 2:124). 꾸란 16장 120-121절은 그의 본보기적인 행위를 강조한다. "그는 그를 선택하여 옳은 길로 인도하여 주신 그분의 은혜에 감사하였다…"(16:120-121).

18) 역대하 20:7; 이사야 41:8(야고보서 2:23에 인용).

예언자이며 카아바 창설자인 아브라함

꾸란은 아브라함의 생애에 대해서는 거의 언급하지 않고 동족의 다신숭배 문제와 갈등했던 것에 집중한다. 무슬림 신학에 의하면, 그는 적대적인 다신숭배자들에게 일신론을 전파했다는 의미에서 이미 무슬림이었다. 이슬람은 스스로 인간 역사의 시초부터 본래 존재했던 종교로 여기며, 알라의 메신저들이 반복하여 가르쳐왔다고 그들은 생각한다. 동시에 꾸란은 아브라함을 유대인이나 기독교인이 아니라(수라 3:67) '알라를 찾는 자' (Seeker of God, 아랍어로 *하니프*. hanīf. 수라 6:79; 16:120)라 한다. 심지어 무함마드 시대 이전에도 이 용어는 고대 아랍어로 경건한 사람을 가리키는데 사용되었다. 꾸란이 이 용어를 더 면밀하게 정의하지는 않지만, 그것의 용도는 더 이상 여러 신을 섬기지 않고 이슬람을 더 가까이서 이해하는 단계에 이미 도달한 사람을 의미하기 위해 무함마드가 사용하였다고 한다.

그러나 꾸란은 아브라함이 그의 이슬람 신앙을 간접적으로 고백한 것에 대해 더 많은 묘사를 한다. 꾸란 2장 123절에서 아브라함은 다음과 같이 명확한 표현을 한다. "나는 스스로 온 세계의 주님께 복종합니다"(아랍어로 *아쓸람투 리 랍빌 알라민*. aslamtu li rabbi l-'alamain). '내가 스스로 복종한다'(aslamtu)는 표현은 꾸란 3장 17절에서 스바 여왕이 사용했는데, 꾸란 27장 44절에서는 그녀가 이슬람으로 개종했음을 선언한다. 무슬림 해석가들의 눈에는 이것이 아브라함의 개종을 확증하는 것이 된다.

아브라함이 이슬람에서 중요한 이유는, 꾸란에 그와 그의 아들 이스마엘이 참 하나님께 대한 기도의 장소로 이슬람의 중앙 성소(shrine) 카아바(Ka'ba)를 설립한 장본인들이었기 때문이다(2:124-127). 알라는 그에게, 인간의 운명을 결정하는 것은 별들이 아니라 하늘과 땅을 다스리시는 신, 곧 알라임을 보여준 것이다(수라 6:75). 우리는 무함마드가 인간의 운명을 다스리는 별들의 힘을 믿는 고대 아랍인의 믿음에 응답하여 아브라함 공동체의 점성학을 언급하는 것이라 추측할 수 있다.

꾸란에서 아브라함은 해와 달과 별들에 대한 이전의 숭배를 거부하고(6:76-79) 참 하나님께 돌아오지만, 그의 믿음을 확증하고 모든 의심을 제거하기위해 아브라함은 기적을 요구하는데, 그는 죽은 자가 생명으로 소생되는 것을 보고 싶어 한다. 예언자(그)가 도살한 네 마리의 새들을 알라가 소생시킴으로써, 알라는 그의 기도에 응답하시고 "알라는 전능하고 지혜로우시다"(수라 2:260)라고 증명해 보인다. 새들을 죽인 것 또한 아브라함의 아들의 희생에 있어 중요한데, 이는 예언자가 여기서 죽은 것을 살리시는 알라의 능력을 체험하였기 때문이다. 그러나 성경은 하나님께 대한 아브라함의 무조건적인 믿음을 이야기하는데(히 11:17-19), 하나님을 신뢰할 수 있는 어떤 선행하는 '증거' 없이, 제단에 그의 아들을 바치는 것을 주저하지 않았다(창 22).

아브라함의 소명

무함마드 당시의 사람들과 같이 아브라함의 동족은 우상숭배자들이었다. 아브라함이 알라께 개종(conversion)한 후 이 예언자는 우상들로 가득 찬 카아바를 청결케 하는 책임을 부여받는다(수라 22:26-29). 아브라함은 그의 아버지 아자르(Azar)[19]에게 도전하며 그의 이웃들에게도 다신숭배를 버리라고 도전하는데, 이는 알라만이 홀로 전능한 하나님이라 여겼기 때문이다. 꾸란 29장 17절에 아브라함은 우상숭배자들에게 말한다. "너희는 오직 알라 외에 우상들만 예배하고 거짓을 만들어낸다. 확실히 알라 외에 너희가 섬기는 그들은 너희를 위해 어떤 음식도 줄 능력이 없다. 그러므로 알라에게 음식을 구하고 그분을 섬기며 그분께 감사하라. 너희는 그분께로 돌아가게 될 것이다." 아브라함의 생애에서 이 전환점, 즉 그의 민족에게 전통적인 다신숭배를 포기하도록 하고 한분이신 참 하나님을 믿도록 호소한 것은 단지 무함마드 자신의 역사를 너무 분명히 반영할 뿐이다.

아브라함은 그의 아버지에게 사탄 숭배하는 것을 그치도록 간청하지만, 아자르(Azar)는 이를 거절하고 그 아들을 돌로 칠 것이라고 위협한다. 그러자 예언자는 알라께 그의 아버지를 용서해달라고 기도한다(수라 19:44, 46-47; 26:86). 아브라함이 가족의 신앙으로부터 극적으로 분리되고, 적대를 받는 것 또한 무함마드 자신의 상황을 나타낸다. 자신의 새로운 믿음을 분명하게 선포하면서 아브라함은 그의 아버지와 그의 우상을 명백히 단념한다(수라 19:42-48).

아브라함이 카아바에서 우상을 깨뜨리다

그리고서 아브라함의 민족은, 그들 조상의 종교와 전통에 호소하면

19) 수라 6:74을 보라. 성경에는 그를 데라(Terah)로 부른다.

서 그들의 우상숭배를 정당화하기 시작한다. 예언자가 그것을 거부하는 이유는 오직 하늘과 땅의 한 하나님만 있기 때문이다. "확실히 그대와 그대 조상은 분명한 잘못을 저질렀소"(수라 21:54). 청중들이 아브라함이 하는 말을 믿지 않고 거부하자 그는 그들의 우상들 중에 가장 큰 것만을 제외하고 모두를 파괴해 버린다. 분노한 이웃들은 누가 그 행위를 했는지를 묻자, 그는 그에게 죄가 있는 것이 아니라 남아있는 큰 우상에게 죄가 있다고 빗대어 말한다(수라 21:63). 다시 한 번 그는 유일신론을 설파하지만 분노한 이웃들은 그를 불태워 죽이기로 결정한다. 그때 알라가 그를 믿었던 롯과 함께 아브라함을 구원한다(29:26). 꾸란의 이야기는 그들의 구원에 대해 자세한 내용을 제공하지 않으며, 그들이 다른 나라로 도주한 것도 언급하지 않는다.

아브라함의 자손들

꾸란 11장 69절과 52장 24절은 아브라함의 자손들에 관한 약속을 말한다. 그는 손님들에게 송아지를 대접했고, 그들은 먹지는 않았지만 아브라함에게 "지식을 갖춘 소년"이 출생할 것을 약속한다. 그의 아내는 너무 늙었기에 충격을 받고 웃었고(11:71), 아브라함조차도 그의 나이 때문에 그 약속을 의심한다(15:54). 얼마 후에 먼저 이삭이,[20] 그리고는 야곱[21]이 태어나고(19:49), 둘 다 예언자라고 불렸다. 그런데 꾸란의 야꿉(Ya'qub)은 성경의 야곱과 달리 아브라함의 손자가 아니라 아들

20) 꾸란에 이스하크(Ishaq).
21) 꾸란에 야꿉(Ya'qub).

이다(창 25:19, 28).

알라는 아브라함과 언약을 맺고 그를 인류의 지도자로 지명한다. 이슬람의 전통은 알라가 그를 큰 나라이자 이스마엘(Ishmael)의 자손인 아랍인들의 조상이 되게 했다고 덧붙인다.

아브라함의 번제물, 이삭인가 이스마엘인가?

꾸란 또한 아들의 번제 이야기를 담고 있지만 세부내용은 매우 다르게 기술한다. 아브라함의 아들 중의 하나는 아버지가 그를 죽이려 하는 꿈을 꾼다. 아브라함은 명령은 복종해야 함을 아들에게 확실히 한다. 문제는 그 아들이 이삭과 이스마엘 중에 누구냐 하는 것이다. 꾸란에는 그 이름이 언급되어 있지 않지만(37:99-107) 대부분의 무슬림들은 그 희생된 아들이 이스마엘이라고 믿는다. 그러나 옛날 꾸란 주석서들은 서로 다른 결론들을 내렸다. 가장 흔한 주장은 이 사건이 이삭의 출생 이전에 일어났음에 틀림없다고 하는 것이다. 왜냐하면 구약성경은 아브라함의 "독자"(창 22:12)에 대해 말하고 있기 때문이다. 그러나 성경의 설명은 "네 독자 이삭"(창 22:2)이라고 이름을 명시하고 있다.

꿈 이야기를 들은 후 아브라함은 그의 아들에게 올바른 결정을 내리라고 요청한다(수라 37:101-102). 흥미롭게도 이 기사는 그 명령이 알라로부터 온 것이라고 분명히 선언하지 않고, 단지 아브라함이 이러한 방식으로 꿈을 해석했다고 한다. 전통은 그 꿈이 알라로부터인지 사탄으로부터인지를 분간하기 위해 아브라함이 하루 동안 묵상을 했다고 말한다. 저녁에 그는 똑같은 계시를 받고, 그것이 알라께서 그 메시지를 보내신 것에 대한 확증이라고 이해한다. 아브라함은 복종하고자 희망하면서 그는 아들을 기꺼이 바치려고 한다.

전통은 마귀가 아브라함을 불러 세워서 그들을 설득하여 아버지와 아들의 계획을 단념시키려 했다고 덧붙인다.

> 그는 이스마엘에게 말했다. "네가 어디로 가느냐? 너는 너무 어려서 죽을 수 없다!" 그가 아브라함에게 말했다. "그것은 옳지 않습니다. 알라께서 어찌 그러한 인정 없는 명령을 자신의 친구에게 내릴 수 있겠습니까?" 아브라함은 알라의 선한 계획을 의심하지 않고 마귀를 물리치기 위해 돌을 던졌다.[22)]

아브라함이 희생 제사를 시작하자마자, 알라는 그를 막고, 그의 복종하고자 하는 의도가 복종 못지않게 훌륭하다고 확인하면서 아들 대신 그 대용물로 산 제물로 쓸 동물을 그에게 준다. 알라의 행동은 아브라함을 위한 시험(test)이다(수라 37:103-107). 이에 대한 기념으로, 각 순례자는 메카에서의 희생의 날(Day of Sacrifice)에 한 동물희생을 바침으로써 그의 순례를 마치는데, 그 고기는 가난한 사람들과 궁핍한 친척들에게 분배된다. 이 희생의 날은 라마단의 끝에 금식을 파하는 축제와 함께 이슬람 달력에서 가장 중요한 축일들 중의 하나이다.

아브라함의 생애에 대한 꾸란의 설명은 성경의 것과 중요한 차이를

22) Geschichte der Propheten aus dem Koran. Islamisches Echo in Europa 5. Hamburg: Islamisches Zentrum. 1982. pp. 40-41.

보인다. 꾸란의 아브라함은 단지 인류를 위한 본보기로서, 우상숭배에 반대하는 전투에서 무함마드의 선각자요 예언자의 전형으로서의 역할을 한다. 성경에서 그는 구원 역사에 있어서 중대한 조상일 뿐만 아니라 하나님께 온전한 믿음을 갖는, 다음 세대 신자들을 위한 한 역할 모델이다(히브리서 11장을 보라).

학습 질문

- 무함마드와 관련하여 이슬람에서 아브라함이 중요한 이유는 무엇이며, 기독교인에게 아브라함은 어떤 중요성을 갖는가?

CHAPTER

11

꾸란과 무슬림 신학에 나타난 예수 그리스도

The Islamic View of Major Christian Teachings

꾸란은 예수와 세례 요한, 스가랴와 마리아 외에 신약 성경에 등장하는 인물들의 이름을 거의 언급하지 않는다. 예수의 제자들은 단지 한 무리의 사람들 정도로 언급되긴 하지만, 꾸란을 읽어서는 예수께 얼마나 많은 제자들이 있었는지, 그들의 이름이나 직업은 무엇이었는지 결코 알아낼 수 없다.

이슬람의 관점에서 볼 때 예언자 예수(아랍어로 *이사*. īsā)는 비범한 인물로 묘사된다. 무함마드는 15개의 장과 93개의 절에서 예수의 선택적인 모습만을 묘사하면서, 신약성경에 제시된 기독론의 몇 가지 견해만 옳다고 인정할 뿐, 나머지는 모두 부정하고 어떤 것들은 완전히 무시해버렸다. 최근 연구에서는 무함마드가 (대부분 어느 정도 왜곡되고 모호한 형태로 있는) 성서 자료와 전승과 기독교 문학과 예수의 어린 시절을 그린 아라비아 복음서와 같은 외경의 복음서 등의 비성서적 자료들에도 정통한 것으로 추정하고 있다.

한편, 꾸란에 나타난 예수의 역할은 분명 특별하다. 그는 "알라의 말씀"(Word of God) 혹은 "알라의 영"(Spirit of God. 수라 4:171)으로 불리는 유일한 예언자이다. 또한 병든 자들을 고치고 죽은 자들을 살리며, 죽음 가운데서 생명을 창조한 유일한 예언자이기도 하다. 반면 예수의 특별한 칭호들이나 능력에도 불구하고, 꾸란은 그가 단순히 한 인간이요 한 예언자일 뿐이라고 주장한다. "마리아의 아들 예수 그리스도는 다만 알라의 한 사도이다"(수라 4:171).

예수는 인류에게 복음서(아랍어로 *인질*. al-injîl), 즉 성서를 가져다 준 꾸란에 있는 몇 안 되는 예언자들 중 한 명이다. 인질은 완전한 신약성경이나 복음서들 중의 하나가 아니라, 유일한 창조자 알라와 심판의 메시지, 즉 이슬람에 대해 사도가 설교한 것을 가리킨다. 꾸란은 신약성경에 있는 어떠한 교리도 설명하지 않으며, 바울 서신이나 사도행전에서 아무 것도 인용하지 않는다. 십자가 사건은 단지 한 절에서, 그것도 아주 모호하게 언급하지만 대속과 구속의 중요성은 완전히 무시한다.

예수의 탄생

꾸란은 예수를 보통 '마리아의 아들'(the Son of Mary)이라고 부르는데, 이 호칭은 아마도 시리아와 아라비아 외경의 본문[23]에서, 아니면 에티오피아 콥트 교회의 예전 용어[24]에서 가져왔을 것이다. 그런데 가

23) Edward Geoffrey Parrinder, *Jesus in the Koran*, (Oxford University Press: New York, 1977), pp. 27-29.

24) G. C. Anawati, "Isa", *Encyclopaedia of Islam*, Vol. IV, (E. J. Brill: Leiden, 1990), pp. 81-86.

끔 마리아를 '아론의 누이'(the sister of Aaron)로 부르는 것은(예를 들면, 수라 19:28) 틀림없이 무함마드가 구약성경의 미리암과 마리아를 혼동했기 때문일 것이다. 꾸란은 이슬람 전통에서 가브리엘 천사라고 여겨지는 한 '영'(spirit)이 나타나 마리아가 아들을 낳을 것이라고 약속하는 것으로 이야기 한다. 그 사자가 말한 아이는 "사람들에게 하나의 표적(sign)"(수라 19:21)이 될 것이었다. 이슬람 전통에 따르면 예수는 단지 자기 민족인 이스라엘 사람들에게 보냄을 받은 것이지만, 꾸란은 그가 모든 인류와 온 세상을 위한 표적(수라 19:21)임을 강조한다.

천사 가브리엘의 선포를 들은 마리아는 자신이 처녀이고 '성관계를 갖지 않았음'(19:21)에도 아이를 갖는다는 생각에 두려워한다. 꾸란은 성경에 있는 이야기와는 달리 요셉에 대해 전혀 언급하지 않는다. 꾸란 속의 예수는 아담처럼 알라 혼자만의 능력으로 생명을 얻는데도, 그것이 그가 인간 이상의 존재라는 것을 의미하지는 않는다. 동정녀 탄생에 대한 신약성경의 설명과는 달리, 이 놀라운 창조활동은 단순히 하나의 신적 표적에 불과할 뿐 어떤 특별한 기능을 하는 표시는 아니다. 신약성경은 성령에 의한 예수의 수태를 하나님의 아들로서의 그의 역할의 징후로 해석하지만, 꾸란과 이후의 이슬람 신학은 모두 예수의 신성을 명백히 거부한다. 게다가 더 큰 차이는, 성경은 예수가 하나님에게서 태어났다(born of God)고 말하지만, 꾸란은 예수가 창조되었다(created)고 주장하는 것이다.

마리아는 종려나무 아래에서 아들을 낳는다.[25] 아기 예수는 곧바로 마리아와 이야기를 하고 고통 중에서 사람들에게 거부당할 것을 두려워하는 그녀를 위로한다. 조금 후에 그는 당시의 사람들에게 연설을 한다.

나는 분명히 알라의 종이다. 그분은 나에게 성서(the Book)를 주시고 나를 예언자로 삼으셨다. 그리고 그분은 내가 어디에 있든지 복을 받게 하셨고, 내가 살아있는 한 기도하고 가난한 자를 구제하는 세금을 내라고 명령하셨다(수라 19:30-31).

예수의 기적들

꾸란은 흥미롭게도 예수가 기적들을 행한 것 뿐 아니라, 무함마드와는 달리 다른 어떤 예언자도 행하지 못한 기적들을 행했다고 이야기한다. 그는 죽은 자를 살리고 생명이 없는 물체에 생명을 창조하기조차 했는데, 이는 꾸란에서 오직 알라에게만 속한 것으로 여겨지는 행위이다. 하지만 예수는 단지 알라의 명령에 따라 창조된 피조물로써 활동했는데, 그는 그렇게 하기 위해 알라의 허락을 구했다(수라 3:49). 다른 꾸란의 예언자들처럼 예수는 자신의 능력이 아닌 오직 알라의 능력으로 이적을 일으킬 수 있었다는 것이다.

꾸란 3장 49절은 예수가 진흙으로 새를 만들어서 숨을 불어넣어 생명을 주고, 맹인들과 문둥병자들을 고치고, 죽은 자를 살려내고, 유한한 존재는 대개 알 수 없는 것들을 알 것이라고 말한다. 그러나 꾸란은 신약성경[26]과는 대조적으로 예수의 기적들에 대해 단지 한 가지 이야

---

25) Heikki Räsäen, *Das Koranische Jesusbild. Ein Beitrag zur Theologie des Korans*, (Finnische Gesellschaft f_r omenik: Helsinki, 1971), p. 20. 레이세넨은 이 이야기와 8세기 혹은 9세기의 위경마태복음(Pseudo-Matthew)에 기록된 한 전승 사이의 유사점을 지적한다. '

26) 야이로의 딸(눅 8:49-56), 나인성 과부의 아들(눅 7:11-17), 나사로(요 11:1-45).

기를 더해 줄 뿐이다. 이 이야기에 따르면, 제자들이 그의 권위를 분명히 입증해 보도록 요구하자 예수는 음식으로 가득한 하늘에서 내려온 식탁을 제공했다. 그의 말씀이 진실인 것을 확인하기 위하여 제자들이 그 음식을 먹으려 할 때, 알라는 그들의 요청을 들어 주시면서도 그러한 기적이 베풀어진 후에도 믿기를 거절하는 이들에게는 혹독한 심판이 있을 것임을 말씀하신다(수라 5:112-115). 이 사건은 오천 명을 먹이신 신약성경 이야기나 일용할 양식을 구하는 주기도, 또는 주의 만찬 이야기에서 유래했을 지도 모른다.

그 기적을 제외하고는 꾸란이 예수의 삶에 대해 이야기하는 것은 거의 없다. 꾸란은 기독교 선교를 시작하도록 제자들을 준비시키는 것이나 예수의 가르침의 내용에 대해서는 전혀 이야기하지 않는다. 하이키 레이세넨(Heikki Räisänen)은 예수의 가르침에 대한 꾸란의 이야기를 다음과 같이 요약한다.

- 알라를 두려워하고 나에게 복종하라.
- 알라는 나의 주님이시며 너희의 주님이시다.
- 알라를 섬겨라.
- 그것이 옳은 길이다.[27)]

따라서 꾸란 속의 예수는 새로운 교리를 알리는 것이 아니라, 이전 예언자들의 말씀과 꾸란 5장 46절이 표현하는 것처럼 전능하신 창조주 알라 한 분만을 믿으라는 계명을 반복한다.

27) Räisänen, *Jesusbild*, p. 47.

그리고 우리는 그들의 뒤를 따라 마리암의 아들 이사(Isa)를 보내 그의 앞에 있었던 타우라트(Taurat, 즉 *토라*. Torah)를 확증하도록 했다. 우리는 그에게 인질(Injeel, 즉 복음서)을 주었는데 그것은 … (악으로부터 보호하는) 사람들을 위한 안내와 훈계를 담고 있다(수라 5:46).

예수 – 하나님의 말씀(Word of God)

꾸란은 예수를 '알라의 말씀'(the Word of God)과 그분의 말씀으로 창조된 '그분의 영'(a spirit of Him)으로 호칭한다(4:171; 3:45).

그때 천사들이 말했다. 오, 마리암이여, 분명 알라께서 너에게 그분의 말씀과 함께 좋은 소식을 주시는데 그의 이름은 메시아, 마리암의 아들이며 이 세상에서와 후세에서 존경을 받을 실 분이며 알라의 곁에 있도록 만들어진 이시다(3:45).

무슬림 주석가들은 '알라의 말씀'이란 칭호를 설명하기 위해 다양한 시도들을 해왔다. 즉 예수는 알라의 말씀에 의해 창조되었고 마리아에게 안겨진 '말씀'이다.[28] 그는 잉태되는 순간에 알라께서 말씀하신 창조력이 있는 말씀과, 이전 예언자들이 예언한 말씀과, 알라의 말씀을 가져오고 인류를 옳은 길로 인도하는 복된 소식의 성취이지만[29], 신약

28) Parrinder, *Jesus*, p. 47.
29) Anawati, "Isa", p. 83.

성경의 그 로고스(logos, 희랍어로 '말씀')는 아니며, 창조에 참여하시고 예정된 때에 세상에 보냄 받을 때까지 아버지와 함께 계셨던 하나님의 선재하는 말씀(요 1:1)도 아니다. 따라서 꾸란의 예수는 단지 알라의 한 (a) 말씀일 뿐 하나님의 그(the) 말씀은 아니다. 꾸란은 4장 171절에서 예수를 '그(the) 말씀'(문자적으로 '그분의 말씀')으로 부르지만, 문맥상 예수는 단지 알라의 사자인 한 예언자이며 죽을 수밖에 없는 인간이라는 사실을 분명히 한다.

예수 – 알라의 영(Spirit of God)

꾸란은 예수를 가리켜, 마리아에게 불어넣어졌고(66:12) 알라의 영이 능력을 부여해준 '알라의 영'으로 일곱 차례 묘사하고 있다. "…그리고 우리는 마리암의 아들 이사에게 명확한 증거를 주었고 그를 거룩한 영(holy spirit. 무슬림 주석가들은 이를 가브리엘 천사로 본다: 역주)[30]으로 강하게 했다"(2:87, 2:253을 비교하라). 그러나 예수만 알라의 영으로부터 이러한 종류의 도움을 받은 것은 아니다. 꾸란은 알라가 모든 신자들에게 그의 영으로 강하게 하시고(58:22) 그 영은 꾸란의 계시 안에서 능동적인 역할을 한다는 점을 강조하면서, 예수를 알라의 영이라 호칭할 때도 그를 신약성경의 삼위일체와 동일시하지는 않는다.

30) 혹은 "거룩함의 영"(spirit of holiness).

예수 – 메시아(Messiah)

예수는 꾸란에서 열 한차례 메시아로 불리지만(예를 들어 3:45), 이 칭호는 신약성경의 구속자요 기름부음 받은 자로서의 예수의 역할을 가리키는 것이 아니라, 단지 그리스도처럼 또 하나의 이름으로써 사용된다. 언뜻 보기에 무함마드는 구속자나 알라의 백성의 기름부음 받은 자로서의 예수의 역할에 대해서 들어보지 못했을 것이다. 꾸란은 그 칭호의 중요성에 대해서 논하지도 않지만, 몇 군데서는 아무런 의미도 설명하지 않은 채 '그리스도'라는 명칭을 '예수' 대신에 사용한다. 무함마드는 '메시아'란 용어의 성서적 중요성을 잘 몰랐기 때문에 구약성경에 예언된 구원을 가져오는 사자와 예수를 동일시하지 못했다. 꾸란의 예수는 '메시아' 라 불리지만 신약성경에서 규정하는 메시아의 직무는 갖고 있지 않다.

예수 – 알라의 종(Servant of God)

또한 꾸란은 예수를 '종'이라고 부른다. "메시아는 … 그가 알라의 종임에 틀림없다는 사실을 결코 가볍게 여기지 않는다"(4:172). 또 다시 우리는 그 명칭을 다른 명칭들과 똑같이 취급하는 것을 보게 되는데, 예수는 그 '메시아'라는 직책에 임명되지만 그를 알라의 종으로 부름으로써 꾸란은 그를 다른 사자들과 동일시해버린다.

예수의 십자가 사건과 죽음 및 재림

복잡하고 애매한 문법적 형식으로 인해, 십자가 사건을 언급하는 (4:157, '십자가 구절') 단 하나의 꾸란 구절을 가지고 예수가 진짜 십자가에 못 박혀 죽었는지 아닌지를 결론내리기는 어렵다. 대다수의 무슬림 해석자들과 신학자들은, 꾸란은 예수가 죽은 것이 아니라, 알라가 그를 산 채로 하늘로 이끌어 올려 십자가의 패배와 수치로부터 구출한 것으로 가르친다고 믿는다. 그들이 예수의 십자가 사건과 죽음을 부정한다면, 당연히 그의 역할과 사역에 대한 이슬람 견해와 모순되는 교리인 그의 부활을 믿을 이유가 없다. 다른 어떤 예언자도 십자가에 달려 죽었다가 부활한 적은 없다. 무슬림들은 유럽의 자유주의 신학을 인용하여 부활을 완전히 부정하는데, 그들은 대개 부활이 예수의 제자들이 꾸며낸 이야기라고 생각한다.

예수가 마지막 때에 세상에 재림할 지 안 할지는 꾸란에 명백하게 언급되어 있지는 않지만, 이슬람 전통은 세상의 마지막 때에 예수의 역할에 대한 많은 상세한 이야기들을 담고 있다. 그는 다메섹에 재림할 것이다. 다메섹에 있는 대사원(우마야드 모스크, the mosque of the Umayyads) 왼쪽에 위치한 첨탑은 '예수의 첨탑'(Jesus minaret)이라 불리는데, 예수가 하늘에서 이 특정한 첨탑 위로 내려올 것이라고 믿기 때문이다. 그 다음에 예수는 칼로 적그리스도를 죽이고 모든 십자가를 깨뜨리고, 모든 돼지들을 죽이고, 모든 회당과 교회당을 파괴시키고 이슬람을 받아들이려하지 않은 모든 그리스도인들을 처형할 것이다.

그 후에 예수는 예루살렘에 있는 모스크에서 무슬림의 기도를 드릴 것이고 지역의 기도 인도자(*이맘*. Imam)는 예수에게 그의 지위를 바칠 것이다. 그러나 예수는 이를 거절하고, 그가 이슬람 성직자의 탁월함을 믿으며 이슬람을 믿고 실천할 것을 명백히 선언하면서 회중 가운데 참여할 것이다. 나중에 그는 적그리스도를 죽이고, '그 책의 사람들'(유대인과 기독교인: 역주)의 대부분이 예수와 이슬람을 믿고, 거부하는 사람들은 예수에게 죽임을 당하게 되고, 그렇게 해서 오직 하나의 믿음의 회중인 이슬람만 남게 될 것이다. 동물의 왕국을 포함하여(시아파에 따르면) 정의와 평화가 땅을 지배할 것이다. 사십년 후 예수는 죽어 메디나에 있는 무함마드 옆, 무함마드 이후의 두 명의 칼리프인 아부 바크르(Abû Bakr)와 우마르('Umar) 사이에 묻히게 될 것이다.[31] 이러한 상세한 기술들이 꾸란에서는 발견되지 않지만, 마지막 때 예수의 활동에 관한 이런 전통들은 전체 이슬람 세계에서 일반적으로 받아들여진다.

결론

꾸란은 결코 예수나 그의 행동에 대해 비판하지 않는다. 그는 알라와 친밀한 소수의 사람들 중의 하나이며 현세와 내세에서 존경받기에 합당하다(3:45). 다른 모든 사자들처럼, 그는 인간의 경건을 위한 고결한 모범이다.

다른 한편으로, 꾸란에 나타난 예수의 역사나 가르침은 그의 특별한 칭호들과 태도들과 행동들과는 달리 조금도 독특하지 않다. 알라의 사

31) 부카리(Buhârî)와 바이다위(Baidâwî)의 전통에 따른다. Anawati, "*Isa*", p. 124를 보라.

자로서의 그의 신분은 신적 속성이나 아들됨과는 아무 상관이 없다. 오히려 그는 세상을 위한 알라의 섭리의 수레바퀴 속에 있는 한 개의 살(cog)이며, 전능하신 한 분 알라와 다가오는 심판에 대해 설교해야하는 의무를 수행한다. 무함마드가 나중에 예수의 책과 복음을 확증한 것처럼, 그는 율법서(토라)를 확증하고(5:46) 뒤이어 일어난 토라 속에 혼합된 것들을 정결케 한다.

동시에 예수는 무함마드가 올 것(61:6)을 선포한 사도였는데, 그것은 이슬람 신학이 지난 150년 어간에 '발견' 해낸 것으로써(7:157), 신약성경에서와 같이 구약성경에도 이미 예언된 것이라 한다.

이처럼 꾸란의 예수는 성경에 나타난 예수 그리스도와 상당히 다른 인물이다. 병자를 고치고 죽은 자를 살리며 기적을 행하고 알라께 받은 말씀을 전하는 것과 같이 많은 표면상의 유사성에도 불구하고, 꾸란은 신약성경의 기독론의 본질을 부정한다. 예수는 하나님의 아들도, 십자가에 못 박힌 이도, 부활한 이도 아니며 구속자도 아니라 여기며, 더 나아가서 그의 사명의 목적인 교회의 구원과 세계 복음전도를 위해 제자들을 준비시키는 것마저 제거한다.

모든 칭호나 모든 이적들에도 불구하고 꾸란은 예수의 역할을 예언자의 역할로만 제한하고, 그리스도인들이 예수를 예언자요 하나님의 아들이요, 단번에 모든 이들을 구원하는 구원자로서 인식하는 것에 대해서는 전혀 여지를 남겨두지 않는다. 꾸란이나 이후의 이슬람 신학은 그러한 기독교의 견해를 전혀 이해할 수 없고, 따라서 그들은 그의 예언자 사역 이상의 것은 무엇이든지 잘못된 것이라고 간주한다.

꾸란과 이슬람 신학에 나타난 예수

1. 예수는 동정녀 마리아에게서 태어났다(19:16-33).
2. 그는 알라의 '말씀'이며 '그분의 영'이다(4:171).
3. 그는 메시아이다(3:45).
4. 그는 인류에게 계시인 복음서(인질. injîl)를 가져다주었다(5:110).
5. 그는 토라를 확증한다(3:50).
6. 그는 알라의 예언자이지만 단지 인간일 뿐이다. 그는 한 분 알라께 대한 믿음을 갖도록 설교한다(5:175).
7. 그는 알라가 허락하셔서 이적을 행한다. 그는 병자들을 고치고, 죽은 자를 살리고, 생명이 없는 물질에 생명을 부여한다(5:110).
8. 그는 단지 인간일 뿐이다. 그는 그 스스로나 그의 어머니가 신성시되는 것을 원하지 않았다(5:116-117).
9. 그는 인류를 위한 모범이며(43:57) 인류를 위한 계시이다(19:21).
10. 그는 증인으로, 마지막 심판 때에 그를 믿는 것을 거부한 사람들에 대해 증언할 것이다(4:159).
11. 그는 알라가 "있으라!" 말씀할 때 창조되었다(3:47; 19:21).
12. 그는 모세의 율법이 금한 어떤 것들을 허용했다(3:50).
13. 그는 유일신론을 가르쳤다(3:51).
14. 그는 그를 죽이려 했던 유대인들과 달랐다(3:54-55).
15. 그는 알라의 명령에 따라 무슬림 기도를 드렸고 이슬람 세를 냈다(19:31-32).
16. 그는 알라의 복을 받았다(19:31).
17. 그는 '알라와 가까워진 사람'(아랍어로 *무까랍*. muqarrab)이며, '신의 자비로 인해 하나님께 가까워진 사람'이다.[32]
18. 그는 모든 다른 예언자들이 그랬던 것처럼 죄가 없었다(이슬람 신학에 따르면).

---

32) Stieglecker, Glaubenslehren, p. 256.

예수에 대한 이슬람의 오류

1. 그는 십자가에 달려 죽지 않았으나(3:54-55), 알라께서는 그를 하늘로 올리셨다(4:157-158).
2. 그는 부활하지 않았다.
3. 그는 구속주가 아니다.
4. 그는 메시아로 불렸지만, 구약성경에서 말한 기름 부음 받은 자는 아니다.
5. 그는 하나님이 아니고 하나님과 유사한 존재도 아니며 하나님의 아들도 아니다(4:171). 그는 스스로 이것을 확증한다(5:72).
6. 그는 주님이 아니다(아랍어로 랍. rabb. 9:71).
7. 그는 삼위일체의 제 2격이 아니다(5:73).

학습 질문

- 꾸란의 이사가 성경의 예수인가? 왜 그렇게 생각하는지 설명해보자.

CHAPTER

12

예수에 관한 꾸란의 관점

하나님의 아들인가 예언자인가?

The Islamic View of Major Christian Teachings

대화에 관심이 있는 진정한 무슬림들이나 그리스도인들은 모두 꾸란에 나타난 예수의 독특한 역할과 그의 두드러진 칭호들('메시아'와 '말씀'과 '알라의 영')과 놀라운 행위들(병자들을 치료하고 죽은 자를 살리고 생명이 없는 물질에 생명을 부여하는 것)을 강조한다. 다른 한편으로 우리는 예수가 하나님의 아들이라는 성서적 교리에 대한 꾸란의 분명한 부정을 간과해서는 안 된다.

> 불신자들이 "하나님이 마리아의 아들 그리스도이다"라고 말한다. 그리스도는 "오, 이스라엘의 자녀들아! 나의 주인이시며 너의 주인이신 알라를 섬겨라! 알라께서는 다른 것들을 그분과 연합시키는 자는 아무에게도 낙원을 허락하지 않으신다. 지옥의 불이 그를 삼킬 것이다. 그리고 불경한 자들을 돕는 자는 아무데도 없다"라고 말한다(수라 5:72).

꾸란과 성경 사이의 모든 외적 유사성에도 불구하고, 꾸란은 성경 교리의 본질인 원죄 교리와 예수의 성육신, 예수의 십자가에 달려 죽음으로써 얻는 죄인의 구원과, 삼위일체와 동시에 예수의 신성을 부인한다. 무슬림들은 이 교리들을 참을 수 없어하고 거짓으로 간주한다.

심지어 대화를 주장하는 이들도 이 요점들이 두 종교 사이의 고전적인 논쟁들로 여전히 남아있음을 인정해야한다. 그리스도인들이나 무슬림들은 양쪽 다 한 분의 전능하신 창조주 하나님/알라와 마지막 심판과 죽은 자의 부활에 대한 공통적인 믿음을 강조할 수도 있지만, 무슬림은 그가 이슬람을 포용하는 한 결코 예수의 신성이나 그의 속죄하는 역할을 받아들이지 않을 것이다. 성경을 믿는 그리스도인은 예수의 성자됨과 거기서 기인한 교리를 부정할 수 없을 것이다.

구원은 단지 예수그리스도를 하나님의 아들로 믿고, 죄를 용서하시기 위해 십자가를 지셨다가 부활하신 구속주로 믿는 사람들에게만 효력이 있다고 성경이 가르치는 반면, 이슬람은 무함마드를 알라의 예언자로 받아들이고 꾸란을 알라의 계시로 받아들이는 사람들에게만 낙원이 열려있다고 믿는다. 꾸란이 예수의 성자됨을 명백히 부정한 이후 넘을 수 없는 간격이 그 두 신앙의 교리적 진술 사이에 존재한다. 하지만 진실은 오직 하나뿐이다.

왜 이슬람은 예수의 성자됨을 부정하는가?

이렇게 생각하는 가장 중요한 이유들을 언급하고자 한다.

1) 예수의 아들 됨은 무슬림 윤리학에 모순된다.

무함마드는 마치 알라가 아내를 얻어 아이를 낳은 것처럼 그 관계를 육체적인 것으로 이해했기 때문에, 꾸란은 예수가 하나님의 아들이었음을 부정해야 한다.

> 그러나 그들은 아들들과 딸들이 알라로부터 기원한 것으로 추정했다. 그분을 찬양할지어다! 그분은 그들이 말하는 것을 초월해 계신다. 하늘과 땅의 창조주께서는 배우자도 없고 모든 것을 다 창조하셨는데 어떻게 아들을 가지실 수 있는가?(6:100-101).

무함마드에게 있어서 알라는 아들을 가질 수 없다는 사실이 의심할 여지가 없는데, 그는 꾸란 43장 81절에서 다음과 같이 말했다. “자비로우신 알라께 진정 아이가 있었는지 가정해보자. 내가 제일 먼저 그를 경배하는 자가 될 것이다”(43:81). 꾸란 19장은 그런 신성모독적인 생각을 훨씬 더 혐오스러워한다.

> 그들은 “자비로운 하나님께서 그분의 아들을 하나 더하셨다”고 말한다. 그래서 너희는 괘씸한 행동을 했다. 지체 없이 하늘이 찢어지고, 땅이 갈라지고 산들이 가라앉을 것인데, 그들이 한 아이가 자비로우신 알라로부터 기인했다고 추정하기 때문이다. 그분이 아들을 낳는 것은 가치 없는 일이다(19:88-92).

무함마드가 생각하기에 ‘하나님께서 아이를 낳는다’고 주장하는 것은 그러한 것을 믿는 사람들의 무지를 보여주는 것이다. 그것은 ‘거짓’이다(18:4-5). ‘하나님께서 자신을 위해 자녀를 갖는다는 것은 가치’

(19:34) 없는 일이거나 꾸란 112장처럼 무슬림들이 자주 인용하는 진술들이다.

그는 한분 알라이시다!
알라는 영원하시다!
그분은 낳지도 않으시고 태어나지도 않으신다!
그분과 동일한 것은 없다![33]

후기 무슬림 신학자들은 예수의 성자됨에 대한 부인을 계속할 뿐 아니라, 꾸란이 제시하는 것보다 더욱 강조했다. 알라께서는 출산에 의해서가 아니라 단지 그의 창조 의지에 따라 생명을 부여한다고 그들은 주장한다.

2) 예수가 아들이 아니기 때문에 하나님은 아버지가 아니다.

꾸란은 예수가 단지 알라의 섭리 가운데 있는 많은 예언자들 중 하나이기 때문에 창조주 하나님은 그의 아버지가 될 수 없다고 생각한다. 이슬람에 따르면 알라는 아들이 없기 때문에 그분은 아버지로 묘사될 수 없으며, 신자들에게는 아버지로서가 아니라 단지 창조주요 심판자로서 나타나신다.

하지만 하나님께서 자신을 아버지로서 계시하시는 것은 성경의 가장 핵심적인 진술이다(살후 1:1; 벧전 1:17). 그의 부성애는 그가 인간을 어떻게 대하시는지를 결정한다. 성경은 하나님께서 그의 자녀들에게 자신

33) 올라프 슈만(Olaf Schumann)이 번역했다. *Der Christus der Muslime*, (G_ersloher Yerlagshaus gerd Mohn: G_ersloh, 1975), p. 30.

을 아버지라고 부르도록 허락함으로 그의 사랑을 보여주셨다고 강조한다. "보라 아버지께서 어떠한 사랑을 우리에게 베푸사 하나님의 자녀라 일컬음을 받게 하셨는가, 우리가 그러하도다!"(요일 3:1). 하나님 스스로 그의 사랑을 자녀들을 향한 어머니의 사랑과 비교하시며(사 49:15), 또한 그의 신적 부성애는 지상의 모든 아버지들에게 완전한 본보기이다(엡 3:15).

하지만 이슬람에서는 영원하며 전능하신 알라와 유한한 인간 사이의 어떠한 유사성도 상상할 수조차 없다. 그것은 알라의 본성과 모순이 되는데, 알라와의 어떤 비교나 또는 어떤 수준의, 특히 가족관계 수준에서의 친밀감도 상정할 수 없기 때문이다.

성경은 인간이 하나님의 아들 예수 외에는 하나님께 나아갈 길이 없다고 주장하는 반면("나로 말미암지 않고는 아버지께로 올 자가 없느니라" 요 14:6), 이슬람은 창조물과 창조주 사이에 그러한 다리를 가지고 있지 않다.

3) 예수의 아들 됨은 알라의 단일성과 모순된다.

덧붙여서, 기독교의 예수의 성자됨의 교리는 이슬람 신학에 있어서 가장 중요한 교의인 알라의 독특한 본성과 유일성(아랍어로 *타우히드*. tauhîd) 개념을 침해한다. 꾸란과 무슬림 신학자들에 따르면, 알라 곁에 다른 신을 두는 것은 최악의 우상숭배 형태인 다신숭배(아랍어로 *쉬르크*. shirk)이며 그것은 심지어 무신론보다 더 나쁘다. 알라 외에 다른 신을 두는 사람은 누구든지 영원히 지옥에 던져질 것이며 낙원에 들어갈 수 없다.

무함마드가 특히 자기 부족민들의 고대 다신숭배에 반대한 것처럼, 이와 같은 상상적인 기독교 형태를 거절한 것은 논리적으로 보인다. 무함마드가 고대 아랍 부족의 이교적 여신들을 포함한 다신숭배를 반대했다면, 그는 틀림없이 창조주와 동격의 신분을 주장할 뿐 아니라 신성과 능력을 가진 것으로 여겨지는 '하나님의 아들'을 받아들일 수 없었을 것이다. 그러한 개별 신격은, 한분이시고 세상의 유일한 주인으로서의 알라의 지위에 도전하는 것이다.

4) 알라는 자신을 '죽을 수밖에 없는 존재'(mortal)로 계시하지 않는다.

성경은 하나님께서 "선지자들을 통하여 여러 부분과 여러 모양으로 우리 조상들에게" 말씀하셨고 "이 모든 날 마지막에는 아들을 통하여 우리에게" 말씀하셨다고 가르친다(히 1:1-2)[34]. 육신이 되신 하나님의 말씀이 사람들 가운데 사셨다. 하나님께서는 자신을 인간 예수 그리스도 안에서와 그를 통해서 드러내셨다.

무슬림들은 계시가 사람을 통해서가 아니라 하늘에 있는 원본 계시의 복사본인 글에 의해서 생겨난다고 믿는다. 예수가 인간의 육체 안에 있는 알라의 말씀인 신적 계시 '이다'라는 인식은 무슬림의 신적 계시 개념과 다르다. 무함마드조차 그의 백성인 아랍인들에게 그들의 우상 숭배를 바로잡고 유일하신 참 신 알라를 숭배하는 데로 돌아오도록 인도하기 위해서 그들 고유의 언어로 된 계시를 주었다.

5) 알라는 피조물과 분리된 신비로 남아계신다.

꾸란은 알라의 활동을 많은 이야기들로 묘사하고 있지만, 알라는 사람으로부터 숨어 분리되어 계신다. 그는 볼 수 없는 신비이시다(2:2). 단지 그의 속성들을 가리키는 이름들을 통해 그의 본성을 이해할 수 있

34) 개역개정판 성경.

을 뿐이며, 여전히 이해할 수 없고, 비교할 수 없고, 예측할 수 없다.

따라서 무슬림은 자신이 올바른 종교를 가지고 있다고 확신한다 할지라도, 여전히 알라가 마지막 심판 때에 어떻게 그를 심판하실 지는 확신하지 못한다. 자신의 구원을 확신한다는 것은 우리가 예측할 수 있는 평결을 내리도록 알라를 구속하는 것을 의미할 수 있고, 따라서 그의 절대적인 주권을 축소시키는 것이다. 알라의 생각과 활동은 신자들로 하여금 이해하는 영역이 아니라 예배하고 고백하는 영역인 것이다.

6) 무슬림 신학자들은 예수의 성자됨에 반대 주장을 한다.

이슬람 신학은 서구 기독교의 역사 비평학을 끌어들여서 예수의 신성에 대해 새로운 논쟁을 추가시켜왔다. 성서의 계시가 신뢰할만하게 전승되어온 것이 아닐 수도 있다는 것을 그들에게 '증명한' 것이 바로 이 작품들이었다.

이 비평학자들은 그들의 주장을 지지하기 위해 자주 성경을 인용한다. 예를 들어,복음서들이 늘 예수의 시장함이나 근심함이나 겟세마네 동산에서의 의존성 등 그의 인간적 한계들을 강조함으로써, 예수를 하나님의 아들로 생각할 수 없게 한다고 그들은 주장한다. 예수가 마지막 심판의 때를 알지 못했기(마 24:26) 때문에 그는 알라와 달리 전지(全知)하지 못하다. 그는 스스로 아버지는 그보다 더 위대하시다고 지적하면서(요 14:28) 그가 하나님이라는 사실을 '부정'한다. 이슬람 신학자들은 "선지자가 고향에서는 높임을 받지 못한다"(요 4:44)거나 "알지니 너희가 십자가에 못 박은 이 예수를 하나님이 주와 그리스도가 되게 하셨느니라"(행 2:36)와 같은 성경 본문을 가지고 예수의 직무는 단순히 예언자적인 것이었다는 생각을 지지한다.

무슬림 변증가들 역시 예수가 인간이었다는 것을 증거하기 위해 시편 2편 7절의 "너는 내 아들이라 오늘날 내가 너를 낳았도다"를 인용하고, 예수가 단지 하나님이 보내신 종에 불과했다는 사실을 증거하기 위해 요한복음 14장 31절의 "내가 아버지의 명하신 대로 행한다"는 말씀을 인용한다. 예수 또한 다른 곳에서 종으로서 자신의 지위를 언급한다. "너희는 인자를 든 후에 내가 그인 줄을 알고 또 내가 스스로 아무것도 하지 아니하고 오직 아버지께서 가르치신 대로 이런 것을 말하는 줄도 알리라"(요 8:28). 이 선지자의 가르침은 하나님께로부터 왔지만, 단순히 그것을 전달하기 위해 하나님은 인간을 필요로 하였던 것이다. "내 교훈은 내 것이 아니요 나를 보내신 이의 것이니라"(요 7:16).

피조세계 역시 예수에게 반응하는 것은 마치 하나님께서 인간이 되어 땅에서 걷고 계셨던 것처럼 하지 않는다. 초자연적인 이적들은 없다. 게다가 예수의 시험은 사탄과의 실제 전투를 의미한다. 이것은 무슬림 신학자들이 믿는 것처럼, 소위 그 '하나님의 아들'은 사탄을 능가하지 못하는데, 그는 이 세상의 존재(mortal)처럼 분투한다. 치유나 죽은 자를 살린 사건처럼 그가 일으킨 이적들 역시 특별하지 않으며, 단순히 '예언자의 이적들'에 불과한데, 예수는 알라의 능력과 오직 알라의 분명한 허락 하에 그것을 행했을 뿐이다.

예를 들어, 이것은 요한복음 11장 41절에 예수가 "아버지, 내가 아버지께 기도합니다, 내가 아버지께 기도할 때마다 언제나 들어주셨습니다, 이제도 들어주십시오. 내가 여기 서있는 이들 때문에 기도하오니, 이들이 아버지께서 나를 보내신 줄을 알도록 하기 위함입니다"라고 기도한 것과 부합된다. 이슬람에 따르면, 만약 예수가 창조주께 그의 기도를 들으시고 기적들을 행하게 도와주시도록 요청해야 하고, 만약 그가 요한복음 5장 19절의 "진실로 진실로 너희에게 이르노니 아들은 아무것도 스스로 할 수 없나니"와 같이 하나님께 완전히 의지한다면, 예수는 하나님일 수가 없는 것이다.

물론 성경은 이런 뒤틀린 해석들에 대한 반론들을 가지고 있는데, 그것들이 문맥을 벗어나 활용되었거나 왜곡된 진술들에 기초한다는 것이다. 누구든지 무슬림 친구들과 이러한 성경 구절들을 가지고 토론하고자하는 사람들은, 그러한 진술들이 성경 본문 자체의 문맥에 의해 논박될 수 있다는 것을 논증하기 위해 충분히 준비해야한다. 하지만 궁극적으로 꾸란과 성경의 정확성에 관한 개인의 결정은 개별적인 구절들에 의존하는 것이 아니라 독자 개인의 경향에 의존한다. 무조건 예수의 성자됨을 부정하는 무슬림 신학자들에 있어서는 이 본문들이 예수의 인간성과 그의 예언자적 직무를 확증하지만, 그리스도인들에 있어서는 성경의 전체적인 문맥에서 취해진 이 동일한 말씀들이 예수 그리스도의 성자됨에 대해서 논쟁거리를 전혀 제공하지 않는다.

학습 질문

- 예수는 예언자 그 이상인가? 그리고 왜 무슬림들은 예수를 하나님의 아들로 인정하지 않는가?

CHAPTER

13

무슬림의 신학적 관점으로 본 예수의 십자가 사건[35)]

The Islamic View of Major Christian Teachings

예수가 십자가에 못 박혔는지 아닌지, 또는 십자가 사건이 어떠한 중요성을 가지고 있는지와 같은 질문은 이슬람과 기독교 간에 진행되는 토론의 중요한 요점에 속한다는 것은 상식적으로 알려져 있다. 기독교에 있어서 십자가 사건과 구원에 대한 거부는 기독교 신앙의 핵심을 손상시키는 반면, 꾸란에서는 그 사건이 단순히 사소한 역할 밖에 하지 못한다. 그럼에도 불구하고 무슬림 신학은 십자가 사건에 대해 광범위한 해설을 하고 있다.

꾸란에 있는 십자가 사건

꾸란은 예수의 십자가 사건을 단지 한 구절에서만 다루고 있다. 이

35) The Crucifixion of Jesus in View of Moslem Theology" (무슬림의 신학적 관점으로 본 예수의 십자가 사건), Reflection: An International Roformed Review of Missiology 5(1994/1995): 3/4(March/May): 23-29=Chalcedon Report No. 337(Aug. 1993): 24-28로부터 재 간행되었다.

구절은 모호하기 때문에 십자가 사건에 대한 모든 토론의 시작점이 된다. 꾸란 4장 157-158절은 이러하다.

> … 그리고 그들(유대인들)은 "마리아의 아들이며 알라의 사도인 그리스도 예수를 바로 우리가 죽였다"라고 말했다. 그러나 그들은 그를 죽이지 않았고, 그를 십자가에 못 박지도 않았다. 그들에게는 마치 그런 것처럼 보였을 뿐이다(혹은, 그는 십자가에 못 박힌 것처럼 그들에게 보였다).[36] 그들은 분명 그를 죽이지 않았다.[37] 아니, 알라께서는 그를 자신에게로 취하여 올리셨다[38].[39]

꾸란이 백성구원이라는 예수의 십자가 사건의 의미를 도무지 언급하지도 않고 암시조차 하지 않는다는 점을 주목해 보면 흥미롭다. 기독교 이단인 단성론자들(monophysites)이나 그 당시의 기독교 이단분파들과 접촉하게 된 무함마드는 십자가 사건에 관한 진정한 성경적 해설이나 설명을 듣지 못하였고, 그로 인해 꾸란에서 그 사실을 발견할 수 없게 된 것으로 여겨진다.[40]

이 구절에 사용된 아랍어 용어들을(shubbiha lahum: "그들에게는 마치 그런 것처럼 보였다"; mâ qatalûhu yaqînan: "그들은 분명 그를 죽이지 않았다")

---

36) 아랍어로 " 비 라훔" *(shubbha lahum)*.
37) 아랍어로 "마 까탈루후 야끼난" *(mâ qatal ûhu yaqî nan)*.
38) 아랍어로 "발 라파아후 알라 일라이히" *(bal rafa'ah û Allâ ilaih î)*.
39) 저자의 번역임.
40) 무함마드 시대에 아라비아에 있었던 기독교 교회에 대한 더 자세한 이야기를 얻으려면 G_ter Riβe를 보라. "Gott ist Christus, der Sohn der Maria", *Eine Studie zum Christusbild im Koran, (Borengäser: Bonn,* 1989).

이해하기 위해 어떤 특정한 번역을 선호한다는 것이 상당히 어렵다는 점은 분명한데, 이는 번역이 동시에 해석을 의미하기 때문이다. 단지 어법만으로 볼 때, 꾸란이 십자가 사건과 예수 그리스도의 죽음을 지지하는 것으로, 아니면 아랍어 표현인 shubbiha lahum('그것' 혹은 '그'는 그들에게 마치 그러한 것처럼 보였다거나 아니면 "그가 그들에게 비슷하게 보였다"는 것을 의미한다) 때문에 그 둘 다를 거부한다고 생각할 수도 있다. 무슬림 꾸란 주석가들은 몇몇 다른 해석들을 내놓고 있다.

1) 아무도 십자가에 못 박히지 않았다

꾸란 4장 157-158절은 십자가에 못 박혔을 때 무슨 일이 벌어졌는지 여전히 불확실하다는 것을 의미한다. 유대인들은 예수를 십자가에 못 박으려 했지만 "단순히 마치" 예수의 십자가 사건이 일어난 것 "처럼 그들에게 보였다." 유대인들은 예수를 십자가에 못 박았다고 생각했지만 성경이 또한 보고하는 것처럼 어둠과 지진 때문에 예수는 처형에서 벗어났고 때맞춰 알라께서는 그를 하늘로 들어 올리셨다. 하지만 십자가에 못 박힌 사람이 아무도 없다는 의견은 단지 소수의 무슬림 신학자들만 옹호하고 있다.

2) 예수는 십자가에 못 박혔지만 그것은 알라의 명령 때문이었다

shubbiha lahum("그들에게 마치 그런 것처럼 보였다")이라는 표현과 함께, 예수가 십자가에 못 박혔지만 유대인들이 그렇게 하려고 했기 때문이 아니라 알라의 명령 때문이었다는 사실 또한 강조될 수 있다. 게다가 강조점은 첫 낱말인 "그들이 그를 죽이지 않았다(그러나 알라께서 그의 죽음을 야기하고 로마인들이 죽였다)"에 있다. 무슬림 신학자들 중 비주류에 있는 이들이 이 의견을 더 많이 말한다.

3) 다른 사람이 예수 대신 십자가에 못 박혔다

shubbiha lahum("그들에게 마치 그런 것처럼 보였다")이라는 표현에 대한 그 이상의 해석은 "예수가 마치 십자가에 못 박힌 것처럼 보였다"라고 할 수 있다. 더구나 그 구절은 예수 자신이 스스로 십자가에 못 박힌 것이 아니라 다른 누군가가 대신 못 박혔다는 것을 의미할 것이다. 예수가 다른 사람으로 혼동되었든지(이것은 오늘날 유명한 무함마드 타우픽 시드키〈Muhammad Taufîq Sidqî〉와 위대한 시아파 신학자인무함마드 후세인 타바타바이〈Muhammad Husain Tabâtabâ'î〉의 주장이다), 아니면 알라께서 의도적으로 다른 사람을 예수의 형상으로 바꿔서 그가 예수처럼 보였고 그가 예수 대신 십자가에 달렸다는 것을 의미할 것이다.[41] 예수는 하늘로 올라가서 살아있지만 모든 사람들은 예수가 십자가에 못 박혔다고 생각했다(이 의견은 예를 들어, *알-타바리*〈at-Tabarî〉의 고전적인 꾸란 주석에 의해 지지를 얻고 있다). 꾸란 4장 157-158절에 대한 이 해석은 오늘날 무슬림 세계에서 가장 지배적이다. 그러나 누가 예수 대신 십자가에 못 박혔나 하는 질문에는 수많은 다른 해석들이 존재하고 있다.

예수 자신이 십자가에 못 박혔는가 아니면 다른 사람인가?

만약 예수 자신이 십자가에 못 박히지 않았다면, 그럼 누가 대신 못

41) 루이스 매시그논(Louis Massignon)은 이 이론이 시아파의 유래가 된다고 주장한다. Louis Massignon, "Le Christg dan les Evangiles selon Ghazali." *Revue des Études Islamique* 6/1932. pp. 523-536; p. 535.

박혔는가 하는 질문이 대두된다. 이 질문에 대해 무슬림 신학자들이 수많은 다른 답변들을 주지만 꾸란은 어떤 암시조차 주지 않는다. 자마크샤리(Zamahsharî, A.D. 1144년 사망: 역주)나 바이다위(Baidâwî, A.D. 1286년 사망) 등 몇몇 전통적 꾸란 주석가들은 예수의 제자들 중 하나인 베드로가, 예수가 그에게 낙원을 보답으로 약속했기 때문에 그의 주인을 위해 '대역'으로서 자신을 헌신했다는 의견을 지지했다. 다른 사람들은 유다가 그의 배신의 대가를 치루기 위해 선택되었다고 생각한다. 무슬림 신학자들 중에는 이 대역에 대한 다양한 다른 생각들이 존재한다. 즉 무명의 유대인이거나, 우연히 거기 있었던 어떤 사람이나, 십자가를 지고 갔던 구레네 시몬, 여호수아, 유대인 티타누스(Titanus), 예수의 후견인 중 하나, 바로 그 순간에 알라께서 창조하신 어떤 사람, 사탄 자신, 예수 바라바, 한 유대인 랍비, 로마 군인 중 한 사람, 알라에 의해 그 일에 연루된 어떤 범죄자일 수 있다.

비록 '대역이론'(substitution theory)을 거부한 유명한 주석가들도 있지만, 현대 무슬림 주석학자들은 그 이론을 선호하는 경향이 있다. 이 대역이론은 예수 자신이 십자가에 못 박힌 것이 아니라 다른 누군가가 예수 대신 못 박혔다는 것을 의미한다. 여전히 모든 사람들이 그 희생자가 예수라고 생각하는 이유는 알라께서 이 사람을 예수와 같게 보이도록 하셨기 때문이다. 그러므로 그 목격자들은 예수 자신이 십자가에 못 박혔다는 사실을 의심하지 않았다. 오늘날 대부분의 주석가들은 예수의 제자들 중 한 사람(어떤 이는 그 이름을 제시하고 다른 이들은 언급하지 않는다)이 희생자이며, 예수는 여전히 살아서 그의 영혼과 함께이든 아니면 그의 영혼과 몸을 가지고 하늘로 올라갔다고 하는 의견을 지지한다.

후기 중세시대에 생겨난 위조문서인 소위 바나바 복음서(Gospel of Barnabas)가 예수 그리스도의 유일하고 진정한 복음서라고 일컬어지고 있는데, 그 책은 성경을 공격하는 수많은 이슬람 교리들을 담고 있다. 이 복음서는 무슬림 세계에서 아주 유명하게 되었는데, 특별히 20세기 초에 그 아랍어 번역본이 나온 이래 더욱 그러하다. 유다는 예수와 너무도 유사해서 메시아의 가족과 제자들이 그를 예수로 간주했다고 하면서, 유다가 갈보리 산으로 이끌려가서 자신의 의지와는 달리 예수 대신 십자가에 못 박혔다고 주장한다.[42]

따라서, 무슬림 꾸란 주석가들은 꾸란 4장 157-158절에 관하여, 설령 예수가 십자가에 못 박혔다 할지라도 그가 인류에게 구원을 가져다 줄 수 없다는 점에 단순하게 동의할 뿐이다. 그러나 대부분의 현대 무슬림 꾸란 주석가들은 예수가 십자가에 못 박혔을 가능성을 전적으로 무시한다.

42) 그 복음서의 역사와 효과에 대한 세부적 연구는 필자의 박사 논문의 일부이다. Christine Schirrmacher, *Mit den Waffen des Gegners. Christlich-Moslemische Kontroversen im 19. Jahrhundert, dargestellt am Beispiel der Auseinandersetzung um Karl Gottlieb Pfanders 'mîzân al-haqq' und Rahmatullâh ibn Khalîl al-'Uthmânî al-Kairânawîs 'izhâr al-haqq' und der Diskussion _ber das Barnabasevangelium*, (Klaus Schwarz Verlag: Berlin, 1992), p. 241ff. 이 논문의 제목을 번역하면 다음과 같다(역주). "대적의 무기를 들고. 19-20세기의 기독교-이슬람 논쟁. 칼 고틀리브 판데르의 *'mîzân al-haqq'* 와 라흐마툴라 이븐 칼릴 알-우트마니 알-카이라나위의 *'izhâr al-haqq'* 를 둘러싼 논쟁의 예시와 바나바 복음서(the Gospel of Barnabas)에 관한 토론." 각주 101번도 참고하라.

예수에게 무슨 일이 일어났는가?

예수의 십자가 사건에 대한 어려운 아랍어 표현이 '마 까탈루후 야끼난'(mā qatalâhu yaqînan, "그들은 분명 그를 죽이지 않았다")이라는 용어들로 뒤따라 나온다. 다시금 무슬림 신학자들 가운데 이 주장을 이해하는 몇 가지 방법들을 발견하게 된다.

1) 예수는 십자가에 못 박혔지만 죽지 않았다

그 표현의 내용은 유대인들이 십자가에 달린 예수를 실제로는 죽이지 않았다는 것일 수 있다. 예수는 십자가에서 죽지 않았고 산 채로 내려졌다. 무슬림 신학자들은 꾸란 4장 157-158절에 나온 '십자가에 못 박다'라는 단어가 자동으로 '십자가에서 죽다'를 의미하지 않는다고 주장한다. 그렇다면 예수에게 무슨 일이 일어났는가에 대한 다른 가능성이 존재하게 된다.

2) 예수는 십자가에 못 박히지 않았고, 그러므로 그는 살해되지 않았다

그 다음에 그 구절의 첫 문장인 "그들은 그를 죽이지 않았고, 그를 십자가에 못 박지도 않았다"는 두 번째 부분인 "그들은 분명 그를 죽이지 않았다"의 조명하에서 그들은 틀림없이 그를 죽이지 않았다는 것을 의미한다.

3) 예수가 살해되었는지 아닌지는 분명하지 않다

"그들은 분명 그를 죽이지 않았다"는 말은 이 경우에 아무도 예수가 살해됐는지 아닌지를 확신할 수 없다는 것을 의미한다. 그래서 예수가 십자가에 못 박혔는지 하늘에 올리워 살아있는지 하는 질문이 여전히 남아있다.

왜 하나님은 예수가 십자가에 못 박히도록 허용하셔야만 했는가?

앞에서 살펴본 것처럼, 꾸란 본문 자체가 십자가 사건에 관해 실제 말하고자 하는 것이 무엇인지 명확하지 않다. 단지 분명한 것은 꾸란이 십자가 사건과 인류를 위한 영향력에 대해 명백히 가르치거나 설명하지 않는다는 것이다. 무슬림 신학자들은 대부분 꾸란 4장 157-158절을 십자가 사건에 대한 명백한 거부로 이해했다. 그러나 왜 그들은 십자가 사건에 관해 그렇게 강력하게 다루는가? 이슬람 교리는 이렇게 가르친다.

1) 십자가 사건은 실패를 의미한다

만약 예수가 십자가에 달려 죽었다면 그의 모든 사역이 실패했음을 의미할 것이다.[43] 예수의 제자들은 그를 버렸고, 유다는 그를 배신했으며 베드로는 그를 부인했는데, 예수는 수천 명의 사람을 회심하게 하거나 이슬람제국과 같은 하나의 제국을 세우는 것 같은 눈에 보이는 성과 하나 없이 죽어가고 있었다. 이슬람제국은 무함마드 생애의 말기인 7세기에 이미 존재하게 되었다. 무함마드의 정치적이고 종교적인 성공은 무슬림 신학자들 사이에서 그의 예언자 됨에 대한 실제적 증거로 여겨진다.

43) 이것은 예를 들자면 무슬림 작가인 아흐마드 샤파아트(Ahmad Shafaat)가 강조하는 것이다. The Gospel According to Islam, (New York, 1979), p. 90.

2) 십자가 사건은 치욕을 의미한다

범죄자처럼 십자가에 못 박히는 그런 치욕은 존경받는 예언자에게 어울리지 않는 죽음이었을 것이다. 만일 예수가 악한 범죄자처럼 고난을 당했다면 알라는 불의한 분이실 것이고, 알라가 예수를 그러한 절망적인 곤경에서 구해주지 않았다면 그것은 알라가 예수의 편에 서 계시지 않았음을 의미하는 것이다. 서구의 오리엔탈리스트들은 꾸란이 4장[44]에 있는 구절로 아마도 예수를 옹호하려한다고 생각하는데, 그 구절의 마지막은 예수가 그를 박해하는 자들로부터 취함을 받았다고 말하기 때문이다. "알라께서 그를 자신에게로 취하여 올리셨다." 머어만 스타이글레커(Mermann Stieglecker)는 다음과 같이 요약하여 말한다.

> 하나님께서 예수를 그렇게까지 낮추셔서 그의 대적들인 가장 저속한 폭도들이 그를 백치나 바보처럼 흉내 내고, 조롱하고 학대하고, 결국 두 명의 진짜 범죄자들 사이에서 범죄자처럼 가장 수치스럽고 고통스러운 죽음을 당했다고 하는 그리스도인들의 개념은 모욕적인 불명예이다… [45]

3) 또한 성경이 실제로는 십자가 사건을 지지하지 않는다

무슬림 신학자들은 성경 자체를 통해 십자가 사건에 대해 몇 가지 논쟁을 벌여왔고, 구약성경이 신명기 2장 23절에서 십자가에 달린 사람이 하나님의 저주 아래 있다고 가르치고 있음을 지적한다. 따라서 예수

---

44) 일례로 제임스 랍슨(James Robson)의 견해를 든다. "Muhammadan Teaching about Jesus," *The Moslem World* 29(1939), pp. 37-54.

45) Stieglecker, *Glaubenslehren*, p. 315.

가 십자가에 못 박혀 죽지 않았을 수 있는데, 그는 존경을 받는 예언자였지 저주를 받은 범죄자가 아니었기 때문이다. 또한 무슬림 신학자들은 복음서들을 사용해서 예수가 십자가에 달려 "나의 하나님, 나의 하나님, 어찌하여 나를 버리셨나이까?"라고 말한 것을 두고, 예수가 그의 의지에 반해(그리스도인들이 자발적으로 십자가에 달렸다고 말하는 것과는 달리) 십자가에 달렸음을 증거하는 것이라고 지적한다. 게다가 예수는 고통 가운데 부르짖는데, 울부짖지 않은 두 범죄자보다 더 약했다. 그가 어떻게 하나님의 아들일 수 있었겠는가?

예수가 십자가에 달리기 전에 구원받았다는 무슬림의 의견에 관한 또 다른 주장은, 그리스도인들이 부활에 관한 이야기로 믿고 있는 히브리서 5장 7절에서 비롯되었다. "그는 육체에 계실 때에 자기를 죽음에서 능히 구원하실 이에게 심한 통곡과 눈물로 간구와 소원을 올렸고 그의 경건하심으로 말미암아 들으심을 얻었느니라"(즉 하나님은 예수를 십자가로부터 구원하지 않으셨다). 게다가 복음서의 이야기들은 서로 너무 다르고 모순되어서 어느 누구도 그 보고들의 진실성을 담보할 수 없다. 이집트의 무슬림 형제단(al-ihwān al-muslimûn)의 영적 리더들 중 한명인 싸이드 꾸틉(Sayyid Qutb)은 복음서 이야기들 모두가 목격자들에 의해 기록되지 않았으므로 신빙성이 없다고 주장한다. 그처럼 유럽의 자유주의 신학은 무슬림들이 성경에 대해 확신할 수 없다는 인식을 갖게 하는데 지대한 영향을 미쳤다.

4) 십자가 사건과 대표구원(representative salvation)은 지적인 넌센스이다

무슬림 변증가들은 유한한 인간의 죽음(무슬림 신학에 있어서 예수는 하나님이 아니라 단지 인간이기 때문에)은 다른 인간에게 구원을 가져다 줄 수 없다고 되풀이해서 지적한다. 예수가 죽임을 당할만한 존재가 아니었음에도 애매히 고통을 당했다는 사실은 지적인 넌센스를 하나 더 추가하는 것이다. 예수가 인류의 모든 죄를 짊어졌다는 생각은 알라의 예언자가 십자가를 졌다는 개념을 더욱 신뢰할 수 없게 만든다. 그것은 인간의 지성과 어울리지 않는다.[46] (물론 이것은 논리를 넘어선다. 무슬림 신학자들은 기독교교리들이 인간의 지성과 어울리지 않는다고 주장해왔다. 하지만 그들이 보기에 단지 이슬람 교리들만 이치에 맞다고 여기기 때문에, 그들 생각에 정상적이지 않은 가르침은 어떤 것이든지 비이성적이고 불합리한 것이 틀림없다).

5) 십자가 사건에 대한 생각은 이단종교에 기원을 두고 있다

저명한 법학자이자 카이로에 있는 전통적인 이집트 학습센터(Egyptian center of learning)인 알 아즈하르(al-Azhr)대학에서 세계종교를 가르쳤던 무함마드 무함마드 아부 자흐라(Muhammad Muhammad Abû Zahra, 1898-1974)와 캠브리지에서 박사학위를 받은 역사학자 아흐마드 샬라비(Ahmad Shalabî) 같은 유명한 무슬림 변증가들은, 삼위일체나 예수의 아들 됨, 구원에 대한 기독교의 개념과 같은 기독교 교리는 (자기들 생각에) 기독교의 근원적인 부분이 아니라 예수의 사후에 기독교를

46) 개혁 신학자인 무함마드 라시드 리다(Muhammad Rashîd Ridâ)는 무함마드 압두(Muhammad 'Abduh)와 자신의 자료들로 구성한 그의 꾸란 주석에서 이것을 주장한다.

타락시킨 바울 사도에 의해 소개되었다고 지적했다. 그러한 개념들은 초창기 기독교의 로마 이교적 환경에서 유래했고 신플라톤주의나 유대주의로부터 온 어떤 요소들처럼 초대 기독교에 포함되었다는 것이다.[47)]

아흐마드 샬라비와 아마도 가장 영향력 있는 20세기 초반의 개혁신학자인 무함마드 라시드 리다(Muhammad Rashîd Ridâ, 1865-1935)는 그 살육(bloodshed)을 통해 구원을 얻는다는 개념이 티벳이나 네팔,[49)] 또는 인도[48)]의 이교들에서 기원한 것이라 주장한다. 1920년 경에 유대교에서 이슬람교로 개종한 무함마드 아싸드(Muhammad Asad)는 십자가에서의 예수의 죽음을 통한 용서의 교리가 미트라교(Mithras cult, 고대 페르시아의 종교: 역주)에서 왔을 수 있다고 생각한다. 어떤 경우이든 그것은 예수 사후에 기독교에 소개되어 들어왔다고 본다.[50)]

고등비평(Higher Criticism)은 무슬림 변증학을 지원한다

지금까지 무슬림 변증가들이 십자가 사건을 반대하는 주장을 찾기 위해 성경을 사용한다는 것이 분명해졌다. 심지어 그들은 유럽의 고등비평 신학문헌들에서 더 많은 주장들을 취해 내는데 그것들 대부분은

47) 그러한 논쟁들은 Muhammad Muhammad Abû Zahra에게서 발견된다. *muhâdrât fî-nasrânya*, (Cairo, 1966/3), p. 11.

48) Ahmad Shalabî, *Muqâranat al-adyân*, Vol. II, al-masîhîya, (Cairo, 1965/2), p. 123.

49) Rashâ Rid, tafsîr, p. 26.

50) Muhammad Asad(Ed.), *The Message of the Koran*, (Gibraltar, 1980), p. 134.

18, 19세기의 것이다. 예를 들어, 바울이 본래 형태의 기독교 가르침을 위조했다는 이론이 있다. 유럽(특히 독일)에서는 대학의 많은 신학교수들이 신구약 성경을 완전히 믿을 수 없고 특별히 역사적으로 신뢰할 수 없다는 것을 증명하기 위해 수많은 자료들을 수집했다.

무슬림 변증가들은 이런 신학 서적들을 많이 번역했고, (대개) 독일 신학자들의 주장들을 활용하면서 '전문가들' 즉 기독교 신학자들의 의견을 단순하게 반복해 왔다. 19세기 중반 이후부터 무슬림 신학자들은 신구약성경의 '모순과 오류와 실수들'에 관한 전반 자료들을 전부 모아 오면서, 이 저작들을 오늘날까지 재간행해서 기독교 선교사들을 공격하는 데 사용해 오고 있다.

19세기 초반에 무슬림 세계에 당도한 기독교 선교사들은 대부분 그 전에 이런 성격이 달라진 주장들에 대해 들어보지 못했지만, 19세기 중반 이후 무슬림들은 보수적인 선교사들에 대항하기 위해 스트라우스(Strauss), 미카엘리스(Michaelis), 아이히혼(Eichhorn), 그리고 당시의 다른 신학자들의 주장들을 사용했다.

또한 예수의 십자가 사건을 다룰 때, 무슬림 신학자들은 다시금 유럽 신학자들의 고등비평으로 되돌아가는데, 그들은 십자가 사건에 대한 성서 이야기들 자체가 어두움과 지진으로 인해 무질서와 커다란 혼란이 나타났고, 그래서 아무도 예수에게 무슨 일이 일어났는지 알지 못했다고 지적했다. 다른 복음서들의 이야기들은 서로 모순되는 것처럼 여겨져서 확신할 수 없다. 예수가 십자가 사건에서 살아남았다는 무슬림의 한 견해 역시 유럽의 18, 19세기의 마지막 계몽주의 신학 시대의 소위 합리주의로부터 지지를 받고 있다.

기독교 합리주의 신학자들은 십자가 사건을 부정한다

오래 전 꾸란 주석가들은 예수에게 무슨 일이 일어났는지를 결정하는데 있어서 비교적 조심스러웠다는 것을 알 수 있다. 대부분의 신학자들은 "그들은 그를 죽이지 않았고 십자가에 못 박지도 않았다"는 십자가 사건 구절의 일부라도 강조하는 것을 금하면서, 특별히 예수에게 무슨 일이 일어났는지에 대해서도 설명하지 않는다. 현대 꾸란 주석들에서는 이런 태도가 바뀌었는데, 주석가들은 꾸란 4장 157-158절이 의미하는 것이 무엇인지를 아주 상세하게 설명한다. 그들 중 대부분은 다른 사람이 예수 대신 죽었다고 하는 '대체이론'을 선호한다. 특별히 바나바 복음서를 아랍어로 번역한 1908년 이후 대부분의 무슬림들은 이 유사 복음서를 통해 유다가 예수 대신 십자가에 못 박혔다는 것으로 받아들인다.

또한 예수가 십자가에 못 박혔지만 살아남았다는 이론은 아마도 이슬람 자체에서 발생한 것이 아니라 유럽에서 수입되었을 것으로 보이는데, 이는 합리주의 신학자들이 예수가 십자가에서 내려진 후 죽은 것 같이 경직되어 있었다고 말하기 때문이다. 그는 나중에 뇌우와 지진 때문에 소생했는데, 그래서 그가 죽은 자들로부터 부활했다는 신화가 만들어졌다는 것이다.

합리주의 신학의 몇 가지 사례들 가운데 합리주의의 선구자인 벤투리니(Karl Heinrich Georg Venturini. 1768-1849)가 있는데, 그는 예수의 생애에 대한 유력한 소설인 Nat liche Geschichte des groβen ProPheten von Nazareth[51] (나사렛 출신의 위대한 선지자의 자연사〈自然史〉. Natural History of the Great Prophet of Nazareth)에서 가사(假死)의 가능성에 대해 암시한

다. 바흐르트(Karl Friedrich Bahrdt. 1741-1792)는 나중에 그의 작품 Ausfürungen des Plans und Zweks(sic) Jesu (계획의 실행과 예수의 목적. Performance of the Plan and Purpose of Jesus)[52]에서 명확하게 말했다.

> …이것은 예수의 역사의 마지막 부분에 대한 나의 견해이다. 예수는 죽임을 당했다. 그는 악인이 받는 온갖 고통과 죽음의 모든 고통을 다 당했지만 그는 그것들로부터 살아남았고 (그는 죽음에서 생명으로 나왔다) 처형당한 후 사흘 만에 … 무덤에서 나왔다. 완전히 회복된 사람으로서 그의 제자들에게 자신을 보여주었다.…[53]

파울루스(Heinrich Eberhard Gottlob Paulus. 1761-1851)는 바흐르트의 이런 언급들을 자신의 작품 Das Leben Jesu als Grundlage einer reinen Geschichte des Urchristentums(초기 기독교의 순수 역사의 기초로서의 예수의 삶. The Life of Jesus as the Basis of a Pure History of Early Christianity)에서 확장시킨다.[54] 파울루스는 기절이라고 말하지 않고, 예수의 상태를 '의식의 저하'나 '경직' 그리고 '멍해짐'이라 부른다. 이 상태에서 예수는 십자가에서 내려졌다. 파울루스는 예수의 삶과 죽음에 관해 어떤 이상한 것은 없었다고 생각했고, 예수가 십자가에서 내려졌을 때 움직이지 않았지만 죽지는 않았다고 확신했다.

예를 들어, 슐라이에르마허(Daniel Ernst Friedrich Schleiermacher. 1769-1834) 같은 많은 유명한 독일 신학자들은 십자가에 못 박힌 예수

51) Karl Heinrich Georg Venturini, *Natürliche Geschichte des großen ProPheten von Nazareth*, 4 Parts, (Bethlehem, 1806/2).

52) Karl Friedrich Bahrdt, Ausführungen des Plans und Zweks(sic) Jesu, (Berlin, 1784-1793).

53)ÄBahrdt, Ausführungen, Vol. 10/1786, p. 187.

가 반드시 십자가에서 죽었다는 것을 의미하는 것은 아니라는 생각을 이어받았다. 무슬림 신학자들 역시 독일 신학자들의 작품으로부터 이 이론을 취하여 그들의 신학에 포함시켰다.

예수는 십자가 사건 후 살아남았는가?

독일 합리주의 신학자들이 주장하는 예수가 십자가 사건 후에 살아남았다는 이론은 소위 이슬람 아흐마디야(Ahmadîya) 운동의 지지를 받는데, 오늘날 이것은 이단으로 간주된다. 왜냐하면 20세기 초 그 운동을 설립한 사람이 자신을 가리켜 무함마드 이후의 예언자라고 주장하기 때문인데, 무슬림 신학은 무함마드가 인류 역사의 마지막 예언자라고 주장한다("예언자들의 봉인").

수많은 책과 기사에서 아흐마디야 운동은 예수가 십자가에 못 박혔지만 단지 기절했을 뿐이고, 십자가에서 내려졌을 때 여전히 살아있었으며, 시원한 무덤 속에서 특수한 약의 도움으로 소생했다는 이론을 주장한다. 그 다음에 그는 '이스라엘의 잃어버린 열 지파'를 찾아 아프가니스탄을 지나 방랑하면서 카슈미르(Kashmir)로 갔다. 그는 카슈미르에서 결혼했고, 120세에 자연사(自然死)해서 카슈미르의 스리나가르(Srinagar)에 묻혔다. 사람들은 여기에 있는 어떤 유즈 아싸프(Yuz Asaf)라는 사람의 무덤을 예수의 무덤으로 알고 오늘날까지도 이곳에 방문

54)ÄHeinrich Eberhard Gottlob Paulus, Das Leben Jesu als Grundlage einer reinen Geschichte des Urchristentums, (Heidelberg, 1828), pp. 242-244+256-257.

한다.[55] 오늘날 예수가 십자가에서 살아남았다고 하는 이론은 독일 서점가에서 다시금 르네상스를 맞고 있다.

결론

꾸란은 예수의 십자가 사건을 단지 두 절에서만(수라 4:157-158) 다루고 있다. 그 자체 어법으로 보아 그 절들이 예수의 십자가 사건을 일반적으로 부정하는지 아니면 다른 견해를 강조하고 싶어 하는지는 분명하지 않다. 무슬림 신학은 단호하게 십자가 사건을 부정하는데, 십자가를 통해 구원을 얻는다는 기독교의 개념에 대해서는 더더욱 부정을 한다. 그들은 십자가 사건과 구원에 대한 무수한 주장들을 유럽의 고등비평 신학자들의 신학 작품들로부터 취했다.

무슬림 신학자들은 십자가 사건 이후에 예수에게 무슨 일이 일어났는지에 대한 질문에 대해 서로 다른 대답들을 제공한다. 아마도 예수 대신에 유다가 죽었을 것이라는 대체이론은 오늘날 가장 잘 수용되는 이론일 것이다. 18, 19세기 독일의 합리주의 신학자들처럼 아흐마디야 운동은 예수가 십자가에 못 박혔지만 십자가 사건에서 살아남은 후 인도로 이주해서 결국은 자연사했다고 주장한다.

55) 예를 들자면 이 이론은 미르자 굴람 아흐마드(Mîrzâ Ghulâm Ahmad)의 책에서 지지를 받는다. *Jesus in India. Being an Account of Jesus' Escape from the Cross and of His Journey to India*, (Oxford, 1978).

학습 질문

- 이슬람에서 예수가 십자가에 처형되지 않았다고 주장하는데 이것이 왜 중요할까? 성경은 십자가형에 대해 무엇을 가르치며, 그 중요성은 무엇인가?

CHAPTER

14

꾸란과 삼위일체

The Islamic View of Major Christian Teachings

우리가 살펴 본 것처럼 꾸란과 무슬림 신학은 예수의 성자됨의 개념을 거짓되고 혐오스러운 것으로 여겨 부정한다. 삼위일체에 대한 꾸란의 입장은 예수의 성자됨에 대한 질문과 밀접하게 연관되어 있다.

삼위일체에 대한 믿음은 우상숭배로 간주된다

꾸란은 성경의 교리를 이해하지 못한 채, 예수의 성자됨을 부인하는 것과 같은 방식으로 삼위일체에 대해서도 역시 반대한다. 무함마드는 아마도 기독교 신앙에 대해 혼란스러운 이해를 하고 있었을 것이다. 기독교 수도사들이나 은둔자들이 그의 주변에 있었지만, 우리가 아는 한 신약성경적인 교회는 없었다. 그는 몇몇 기독교 이단들과 접촉했던 것으로 보이지만 그들이 교리적인 균형을 가진 그룹들은 아니었다.

덧붙여서, 무함마드의 생애 동안에는 완전히 아랍어로 된 성경이 없었다. 이런 상황에서 세 위격을 가진 한 개체로서 아버지 하나님과 예수 그리스도와 성령을 믿는 일신론적 신앙인 삼위일체에 대한 성경적 개념에 대해 무함마드가 오해한 것은 이상한 일이 아니다.

꾸란은 삼위일체 교리를 비난하는데, 그것이 세 명의 신들인 아버지 하나님과 하나님의 육체적인 아들인 예수 그리스도, 그리고 예수의 어머니인 마리아가 하나의 집단을 이룬다고 생각했다. 삼위일체의 한 위격으로서 성령에 대한 기독교 교리에 대해서는 전혀 언급하지 않는다. 이러한 이유들로 인해 무함마드가 삼위일체에 대한 성경 교리를 완전하게 잘 알지 못했다는 사실을 추측해 볼 수 있다.

이슬람을 전파하는데 있어서, 무함마드는 원래 동시대 아랍 사람들의 다신론에 관심을 가지고 있었다. 그리스도인들이 창조주 외에 두 명의 신들을 더 모시고 있다고 믿은 후부터, 그는 예수가 그 자신을 하나님의 아들이라고 하는 믿음과 그의 어머니 마리아에 대한 믿음을 거부했다고 주장했다. 알라께서 "마리아의 아들 예수야! 그때 너는 사람들에게 '알라 외에 다른 신들로서 나와 나의 어머니를 너희에게 받아들여라' 라고 말했느냐?"라고 말씀했다. 그는 "당신이 찬양받으소서! 나는 말할 자격이 없으며, 그럴 권리가 없습니다"라고 말했다"(5:116). 이런 방식으로 꾸란은 알라 곁에서 신으로서의 영광을 얻을 수 있는 인간이 있을 수 있다는 사실을 부정한다. 하지만 이것은 성경이 가르치는 바가 아니다. 그리스도인들도 이와 같은 생각을 우상숭배로 간주하며, 무슬림들이 하는 것과 똑같이 맹렬하게 거부한다.

조지 세일(George Sale)은 자신의 1734년 꾸란 영어 번역본에서 마리아 숭배자들에 대해 언급하는데, 그들은 알라와 그리스도와 마리아로 이루어진 삼위일체를 예배한 것으로 추측된다.56) 순교자로서의 마리아 숭배는 초기 교회에서 시작되었는데, 그녀를 (에베소의 다이애나와 같은) 이교 여신들과 동일시하고, '하나님의 어머니'와 '하나님을 낳은 자'로서 반 신격화시킨 것은 꾸란이 그 삼위일체를 거부하도록 역할을 했음이 틀림없다.57)

꾸란은 알라가 한 여인과 성관계를 가짐으로 아이를 낳았다는 개념에 반대하면서 삼위일체를 비난하지만, 꾸란은 그것을 다신론의 형태로 오해했으며, 그것은 성서의 가르침에서도 역시 이질적인 것이다. 또한 무함마드는 삼위일체 안에 전지전능하신 창조주 알라 외의 어떤 신도 허용할 수 없는 교리인 알라의 유일성에 대한 부인이 있다고 보았다. 알라의 독특한 위치는 너무도 명백해서 그분과 비교할 수 있는 존재는 없다고 그는 생각했다. 알라는 너무 숭고하신 분이어서 아이를 가질 수 없다.

삼위일체에 대한 신앙은 불신으로 간주된다

이슬람 신학의 중심에는 알라 한 분(아랍어로 tauihîd)만 존재하며 어떤 수준에서든 그분께 가까이 갈 수 있는 존재는 없다는 믿음이 있기 때문에(분명히 가족 관계의 수준도 아니다) 삼위일체는 꾸란에서 단호하게

56) A. J. Wensinck and Penelope Johnstone, "Maryam", *Encyclopaedia of Islam*, Vol. VI, (E. J. Brill: Leiden, 1991), pp. 628-632.

57) Parrinder, *Jesus*, p. 135. 파린더(Parrinder)는 몇몇 이단적인 그리스도인이 마리아 숭배사상을 만들었다고 적고 있다.

거부된다. 기독교의 삼위일체 개념을 논박하기 위해 꾸란은 언급한다.

> "하나님은 셋 중 한 분이시다"라고 말하는 자들은 불신자들이다. 만약 그들이 말하는 것을 멈추지 않는다면 그 불신자들에게는 고통스러운 형벌이 임할 것이다. … 마리아의 아들 그리스도는 단순히 사자일 뿐이다. 다른 사자들이 그 이전에도 있었다(5:73+75).

예수 그리스도는 단순히 그 이전에 있었던 수많은 다른 예언자들과 동등한 한 명의 예언자일 뿐이며, 그를 성자(聖子)로 고집스럽게 믿는 그리스도인들은 지옥에서 영원히 살게 될 것이라고 꾸란은 역설한다.

꾸란 4장 171-172절은 동일한 형태의 믿음을 소유한 그리스도인들에게 이야기한다.

경전의 백성들아! 너희 종교에서 너무 멀리 나가지 말며 알라에 대한 진실만을 말하여라! 실로 마리아의 아들 예수 그리스도는 알라의 사자이며 마리아에게 주어진 그분의 말씀이며, 그분의 영이다. 알라와 그분의 사자들을 믿어라. "셋!"이라고 말하지 말고 멈춰라! 그것이 너희를 위해 좋은 일이다. 알라께서는 한 분 하나님이시다. 그분은 찬양받으시고 너무 숭고하셔서 아들을 가질 수 없다. 천지가 그분께 속해 있다. 그분은 보호자로서 충분하시다. 그리스도는 알라의 종인 것을 거부하지 않을 것이고, 천사들도 (알라께) 가까이 하려하지 않을 것이다.

삼위일체를 믿는 믿음은 오해로 여겨진다

덧붙여서, 이슬람 신학자들은 성경이 명확하게 삼위일체를 교리로 공식화하지 않는다고 주장한다. 예수는 삼위일체에 대해 결코 언급한 적이 없고 구약성경의 예언자들도 이 문제를 다루지 않았다.

무슬림 변증가들(신앙의 수호자들)은 그들의 주장을 확증하기 위해 초기의 교회역사를 언급한다. 그들은 삼위일체 교리가 초기 교회 공의회에 의해 '발명'되었고, 그들은 그 사상을 '증명'하기 위해 성경을 왜곡했다고 말한다. 무슬림들은 신약성경에서 인용된 기독교적 주장들을 믿을 수 없는 것으로 여기는데, 이는 그 본문의 원형이 훼손되고 변질되었다고 믿기 때문이다.

여기에서 기독교 신학이 무슬림 변증가들에게 거의 이의제기를 해오지 않았다는 점에 주목해야 한다. 무슬림들에게 성경의 삼위일체와 이교적 다신론의 차이를 설명해주거나, 삼위일체나 예수의 성자됨에 대한 그들의 주장들에 이의를 제기하는 건전한 문헌들이 거의 없다. 성경의 신적 영감을 확신하는 그리스도인들이 제공하는 적합한 문헌들이 이런 목적을 위해 반드시 필요하다.

예수는 중보자가 아니라고 여겨진다

예수가 하나님과 인간 사이의 중보자라는 생각은 삼위일체 교리와 밀접하게 연관되어 있다. 꾸란은 이 논의를 완전히 무시해버리지만, 성경에서 중보자로서의 예수의 역할은 그의 성자됨과 밀접하게 연결되어 있다. 하나님의 아들로서 오직 그가 하나님 앞에서 인간을 위해 중보할 수 있다. 하지만 무함마드는 신약성서 신학의 이러한 국면에 대해 아마 잘 몰랐을 것이다.

다른 한 편으로, 이슬람은 알라와 인간 사이의 공식적인 중보자를 알지 못한다. 기독교 목사와 비교할 수 있는 직책이 없고, 꾸란은 알라 앞에서 모두가 동등하며, 모두 공정하게 심판을 받을 것이라고 강조한다. 하지만 통속적인 이슬람은 무슬림 회중들의 옹호자인 무함마드가 마지막 심판 때에 알라와 인류 사이의 일종의 중보자가 될 것이라고 믿는다. 특별히 심각한 범죄들을 저질러 얼마 동안 지옥에서 보내야하는 죄인들이 그 예언자나 알라 자신 중 어느 한쪽의 변호에 의해 자유롭게 되고 낙원에 들어가도록 허락받을 것이라고 많은 사람들이 추측한다.

예수는 신자들의 형제는 아니라고 생각된다

한편으로 성경은 짧은 시간동안 이 땅에서 살기 위해 아버지의 영광을 버린 하나님의 아들로서의 예수를 보여주지만, 신약성경은 그가 신자들을 그의 친구(요 15:14-15)와 그의 형제(히 2:11)로 부르시는 것을 부끄러워하지 않았다고 증언한다.

하지만 꾸란은 인간과 알라 사이에는 다리를 놓을 수 없는 간격이 있다고 본다. 어떤 인간도 결코 알라의 진정한 형제일 수 없다. 꾸란 6장 127절이 알라를 신실한 친구로 부르기는 하지만, 그 진술의 배경은 알라는 어떤 식으로든 인간과 같을 수는 없고 오로지 그분은 신자들을 부양해주신다는 것만을 분명히 한다. 꾸란 7장 155절에서 모세는 알라를 그의 친구라고 부르면서 자비와 용서를 구하지만, 무슬림 신학에 따르면 모세가 알라의 사자들 가운데서 특별한 위치에 있었기 때문이며, '친구' 라는 용어는 다른 예언자들에게는 적용될 수 없으며, 일반적인 인간에게는 더더욱 그러하다는 것이다. 그 용어는 예수가 성육신을 통해서 했던 것과 같이, 창조주께서 그 자신을 인간 수준으로 낮추셨다는 것을 의미하는 것이 아니다.

영원하시고, 전능하시고, 초월해 계시는 꾸란의 알라는 인간에게 자비로우시며 은혜의 표징들을 허락하실 수 있고, 인간은 그것을 감사함으로 받아야 하지만, 이 관계성이 창조주와 피조물 사이의 간격을 줄일 수는 없다. 피조물이 신성을 가질 수 있다거나 신성의 어떤 면에 참여할 수 있다는 생각은 꾸란의 인간학에서는 상상할 수도 없다. 알라에 대한 이슬람의 인식에 있어서, 예수가 성경에서 보여주는 것처럼 알라가 초월성을 떠나 스스로 인간을 입었다고 하는 생각을 몹시 싫어한다. 결과적으로 이슬람은 알라가 그리스도 안에서 인간처럼 피조물이 되었다거나 인간 삶의 조건들 속에 복종했다는 생각을 받아들일 수 없다. 예수가 음식이나 음료나 잠자는 것과 같은 인간의 필요를 위한 공급에 의존한 것은 무슬림 신학자들에게는 그가 신이 아니었다는 사실을 증명하는 것이다.

결론

꾸란은 삼위일체 교리를 부인하는데, 무함마드는 삼위일체가 성부와 마리아와 그들이 육체적으로 낳은 아들로 이뤄진다고 잘못 이해했다. 무함마드는 엄격한 일신론적인 교리를 전했는데, 이 때문에 그는 어떤 사람이 알라와 나란히 하나님처럼 숭배 받을 수 있다는 생각을 거부했다. 꾸란의 철저한 일신론 교리 때문에 무슬림들에게 있어서 삼위일체를 받아들이는 것은 다음과 같은 점을 의미했을 것이다.

첫째, 이는 알라의 단일성을 저하시키고 그분과 나란히 다른 존재들을 위치시키는 것, 즉 모든 죄 가운데 가장 큰 죄인 우상을 숭배하는 것으로, 알라는 용서하지 않으실 것이다. 우상에 관한 이런 정의는 무슬림들이 기독교를 진리로 여기는 것을 아주 어렵게 만든다.

둘째, 이는 영원하시고 전능하시고 초월하시는 알라를 피조물 수준으로 격하시키는 것이다. 이것은 생각할 수 없는 것으로써 알라는 인성을 가지실 수 없다.

셋째, 이는 이교 사상을 받아들이는 것이다. 무슬림에게 있어서 성경은 "삼위일체나 예수의 성자됨 역시 가르치지 않기" 때문에, 그들에게 있어서 삼위일체나 성자됨은 예수의 사후에 초기 교회(아마 사도 바울에 의해서였을 것이다)에 의해 이방종교들에서 기독교로 소개된 사상이다. 그러므로 삼위일체에 대한 믿음은 자동적으로 이교적 우상숭배로의 타락을 의미한다.

네째, 이는 인간 이성에 반대하는 이론을 가르치는 것인데, 무슬림 신학자들에 따르면 삼위일체와 예수의 성자됨에 대한 믿음은 인간의 이성과 조화될 수 없다.

위의 모든 것들은 무슬림이 그리스도인이 되고자 고려하는 것을 매우 어렵게 만든다.

학습 질문

• 삼위일체에 대해 무슬림의 거부를 조장하는 것이 기독교인에게 있다면 그것은 무엇일까? 이에 응답할 기반들은 무엇인지 설명해 보자.

CHAPTER

15

죽음 이후의 삶

이슬람의 영원에 대한 확신

The Islamic View of Major Christian Teachings

무슬림들은 좀처럼 죽음 이후에 오는 신자의 구원의 확신에 대해 이야기하지 않는다. 이슬람 신학 문헌이든 꾸란 주석서들이든 어느 쪽도 완전한 해설을 제공하지 않는다. 이렇게 침묵하는 이유는 꾸란이든 전통이든, 아무도 영원한 구원에 대해 확신할 수 있다고 가르치지 않는다는 사실에 있다.

하지만 꾸란이 신자들(무슬림들)에게 낙원을 약속하지 않는가? 순교자들이 믿음을 위해 자신의 생명을 희생한다면 죽은 후 즉시 낙원에 들어가지 않는가?

한편으로 꾸란은 창조주요 심판자인 알라와, 그분의 사자요 예언자이며 알라의 계명에 순종하는 무함마드를 믿는 모든 자들에게 낙원을 약속하고 있는 것처럼 보인다. 많은 본문들이 "믿고 의를 행하는"(2:25) 자들과 "알라를 경외하는" 자들(혹은 "의인들" 52:17)이 "기쁨의 동산"(56:26), 즉 낙원에 들어갈 것이라는 사실을 가리킨다. 이러한 이유로 인해 무슬림들은 낙원을 희망한다. 하지만 확실히 알 수 있는 것은 무엇인가?.

꾸란과 전통에 나타난 낙원

꾸란은 낙원을 강렬한 용어들로 묘사하는데, 과실(55:68)과 고기, 샘들, 젖과 꿀, 포도주, 황금 보석과, 문양이 수놓인 의복과 비단(35:33; 18:31)으로 인한 기쁨에 대해 이야기한다. 알라께서는 신자들에게 '아름다운 눈을 가진 천상의 미녀들(Houris)'을 아내로 줄 것(44:54; 56:22)을 약속한다.

그러나 낙원은 단순히 물질적인 복 이상을 포함하고 있다. 신자들은 공허한 말이나 거짓말이나 죄로부터 자유롭게 될 것이다(78:35). 그들은 단지 평화와 복락(19:62)에 대해서만 듣게 될 것인데, 낙원이 "평화의 거처"(6:127)이기 때문이다. 낙원에서는 어느 누구도 결코 슬퍼하지 않을 것이다(35:34). 거기는 고난이나 피곤함도 없다(35:35). 신자들은 영원토록(44:56) 알라를 찬양하고(10:10), 지옥에서 저주받는 이들, 즉 땅에서 신자들을 멸시한(83:29-35; 37:50-61) 자들을 비웃게 될 것이다.

낙원의 행복은 또한 현재와, 꾸란이 물질적인 기쁨들보다 더욱 가치를 부여하는(3:15; 9:72) "알라의 기쁨"을 포함한다. 꾸란 75장 22절은 신자들이 아마도 알라 자신까지도 뵙는 것을 의미하는 것으로 해석될 수 있지만, 무슬림 신학자들은 이 주제에 대해 각각 다르게 이야기한다.

구원을 위한 두 가지 필요조건

낙원은 "믿고 의를 행하는"(2:25) 사람들을 기다리는 반면, 지옥은 불신자들과 악한 자들을 기다린다. 이 말 속에서 구원에 대한 두 가지 필요조건인 믿음(faith)과 의(righteousness), 곧 선한행위를 발견할 수 있는데, 이슬람에 따르면 그 선한 행위는 마지막 심판 때에 저울에 달릴 것이다. 오직 사람의 선한 행위가 악한 행위보다 더 무거울 때 그 사람은 낙원으로 들어갈 것이다. 따라서 '선한 행위'는 믿음만큼이나 중요하다.

선한 행위를 거의 하지 않는 사람이나 "이슬람의 다섯 기둥들"을 여러 가지 이유로 인해 지키지 못한 사람에게는 거의 희망이 없다. 메카로 순례를 할 수 없는 가난한 자들과 헌금할 돈이 없는 여인들, 혹은 아랍어를 모르는 교육받지 못한 자들은 은혜의 소망이 거의 없다. 오직 성전(聖戰. Jihad)에서 죽은 자들, 즉 이슬람을 전파하려고 애쓰는 사람들만이 즉시 낙원에 들어간다고 확신할 수 있다.

성경은 신자든 불신자든, 아니면 원수라 할지라도 다른 사람들을 위해 선행을 하도록 신자들을 권면하는데, 선한 행위는 성령의 열매이기 때문이다(갈 6:10). 하지만 그러한 의는 구원을 위한 필요조건이 아니라 오히려 믿음과 성령의 역사의 결과이다. 선을 행할 기회가 없었던 그리스도인(예를 들어, 예수의 곁에서 죽은 그 범죄자)도 여전히 믿음으로 구원을 받는다. 선한 일을 조금 밖에 하지 못한 그리스도인도 선한 일을 많이 한 모범 신자와 같이 "은혜로 구원"을 받는다(롬 5:1-2; 갈 3:1-14). 하나님을 신뢰하는 것은 모든 사람, 즉 노인이나 불구자나 가난한자나 여자나 남자나 아이들이나 교육 받은 자나 못 받은 사람 모두에게 가능하다.

숙명론적인 이슬람에 있어서 선한 일에 커다란 의미를 두는 것은 영원에 대해 전혀 확신을 갖지 못하게 한다. 누가 자신의 죄를 상쇄할 만큼 충분히 선을 행했다고 주장할 수 있겠는가? 심지어 신자라 할지라도 선한 행위를 충분히 하지 못했을 수 있다는 두려움 속에 살아야 하는데, 이는 사람은 모두 악을 행하기 때문이다. 모든 인간은 할 수 있는 최고의 선을 행하는데 실패한다. 그런 위험성을 가지고 있는데, 누가 신적인 용서에 대한 어떤 확신을 가지고 죽을 수 있겠는가?

하나님의 무한한 전능성

이제 이슬람 신학의 두 번째 요점인 하나님의 전지성과, 판결(decision)과 행위(activity)에 대한 무한한 권위에 대해 언급해야 한다. 이 무한한 능력은 인간이 마지막 심판 때에 있을 하나님의 판결을 예언할 수 없게 만든다.

무슬림들은 알라가 전능하며 아무도 그분의 본성을 이해할 수 없다고 가정하기 때문에, 알라의 자비와 선과 은혜가 어떤 개인에게 적용될 것인지 아닌지, 혹은 알라가 마지막 때에도 여전히 진노해 있을지는 어느 누구도 확신할 수 없다. 그것은 사람이 (죽기 전에가 아니라) 죽은 후에야 비로소 알게 되는데, 알라의 행동은 결코 예측할 수 없기 때문이며, 그렇지 않았다면 알라는 인간 수준으로 낮아져서 인간의 사고영역에 맞춰졌을 것이다. 덧붙여서 꾸란은 알라를 최고의 계략을 고안해내는 책략가요 모사로 묘사한다. "알라께서는 음모로 충만하시다"(13:13). "불신자들은 '음모를 꾸밀' 것이다. 그러나 알라 역시 음모를 꾸미실 것이다. 그리고 알라가 최고의 음모자(the best of plotters)이시다"(8:30).

알라의 행동은 인간의 이해를 능가하고, 교묘하기까지 한 신성의 본질을 아무도 파악해내지 못했다. 어느 누구도 악한 행위를 통해 그에게 해를 입힐 수 없고, 아무도 그가 하는 일의 선함과 같아질 수 없는데, 그것은 이슬람의 알라가 완전히 초월자이시고 피조물과 분리되어 있기 때문이다. "오, 인간들아! 너희는 가난하고 알라께 좌우되는 존재들이지만, 알라께서는 누구에게도 의탁하지 않으시고 찬양 받기에 합당한 분이시다"(35:15).

하지만 성경은 누구든지 죄 용서와 구원에 대한 확신을 예수 그리스도를 통해 얻을 수 있다고 반복해서 확신시킨다. 구원하신 자들에게 주시는 하나님의 약속의 완전한 확실성은 성경적 구원론의 필수 요소로써, 사람을 불확실한 상태로 남겨두는 어떤 종류의 속임수나 책략이 아니다. 심지어 하나님은 창조의 극히 작은 부분인 인간에게 그분의 신실성(말 3:10-11)을 시험하고 그분이 약속하신 것을 요청하도록 허락하시는데, "그가 행하시는 일은 다 진실하시"기 때문이다(시 33:4).

결론

죄 용서와 구원에 대한 질문은 무슬림들과의 복음전도적인 토론을 위한 가능성을 제공해준다. 성경은 그리스도인을 가리켜 그들의 최선을 원하시는 사랑하는 하늘 아버지의 자녀들로 묘사하는데, 이는 하나님과의 관계에 있어서 완전한 신뢰와 보호와 확신에 대해서 훨씬 많은 것을 말해준다(롬 8:15).

주와 같은 신이 어디 있으리이까? 주께서는 죄악과 그 기업에 남은 자의 허물을 사유하시며 인애를 기뻐하시므로 진노를 오래 품지 아니하시나이다. 다시 우리를 불쌍히 여기셔서 우리의 죄악을 발로 밟으시고 우리의 모든 죄를 깊은 바다에 던지시리이다(미 7:18-19).

우리에게 있는 대제사장은 우리의 연약함을 동정하지 못하실 이가 아니요 모든 일에 우리와 똑같이 시험을 받으신 이로되 죄는 없으시니라. 그러므로 우리는 긍휼하심을 받고 때를 따라 돕는 은혜를 얻기 위하여 은혜의 보좌 앞에 담대히 나아갈 것이니라(히 4:15-16).

하나님께서는 우리의 실패를 아심에도 불구하고 우리를 그분 자신과 화해시키셨기 때문에, 우리가 선한 일을 함으로써 그분을 만족시켜야 한다는 압박에서 자유하게 되었다. 우리는 비록 실패하지만 그분은 우리가 용서를 구할 때마다 우리를 받아들이신다. 이것은 무슬림들에게도 동일한 기쁨의 소식이다.

학습 질문

• 이슬람과 기독교의 신앙에서 심판과 죽음 너머의 삶에 대한 조망을 특징짓는 것은 무엇인가?

CHAPTER

16

이슬람에서의 배교

이생에서 죽음의 형벌, 내세에서의 지옥 불

그리스도인들이 무슬림 국가에서 믿음으로 인해 박해를 당하거나 기독교로 개종한 무슬림들이 사형선고로 위협을 받을 때, 서구의 신문들은 이슬람 국가들의 인권침해를 비난한다. 하지만 동시에 대부분의 이슬람 국가들은 1948년의 UN 세계인권선언과 같은 선언들을 인준해 왔다.[58] 그들은 어떻게 이 모순을 해명할 수 있을까?

지난 십년 동안, 다양한 이슬람 조직들은 스스로 인권선언을 공식화 했다. 하지만 그것들은 서구 국가들의 인권선언과 근본적으로 다른 차이를 가지고 있다. 그들은 꾸란과 샤리아(Sharî'a 이슬람법)에 우선권을 두기 때문에, 이들 나라에서 인권은 단지 이 두 개의 권위와 법규에 의해 강제된 상태에서만 보장되어질 수 있다. 예를 들어, 1990년 카이로 인권선언의 24조는 "이 선언서에 언급된 모든 권리와 자유는 이슬람 샤리아에 종속한다"고 진술하고, 25조는 "이슬람 샤리아는 이 선언서의 각각의 단일 조항들을 해석하고 설명하기 위한 유일한 근거이다"라고 덧붙인다. 이것은 "이슬람 움마(Umma)[59]의 역사적 역할을 강조하는

58) 예외로 사우디아라비아는 그 선언을 인준하지 않았다.

데, 그것은 알라께서 창조하신 최고의 나라이고, 인류에게 보편적이고 잘 균형 잡힌 문명을 가져다주며, 거기에 이 땅에서의 삶과 내생 사이의 조화가 있고, 거기서 지식은 믿음과 함께 하게 된다"[60].

인권에 대한 토론에 있어서 꾸란과 샤리아의 우선권이 의미하는 것은 무엇인가? 이 두 권위는 다음의 사실을 확고히 한다. 즉 이슬람 국가에서 인권이란 단지 이슬람 계시의 종교적 가치에 의해 설정된 한계 내에 존재한다는 것과, 단지 꾸란과 이슬람법에 의해 결정된 체제 내에서만 보장된다는 사실이다. 계몽주의에 의해 형성되고, 교회와 국가의 분리에 익숙한 세속화된 서양인들은 국가가 종교적 표준에 따라 정치적이고 사회적인 삶과 개인적이고 공적인 일들의 표준을 결정할 수 있다는 사실을 이해하는 데 어려움을 겪는다.

59) 아랍어 움마(Umma)는 공동체(community), 즉 회중(congregation)이다. 그것은 우주적인 모든 무슬림 공동체를 가리킨다.

60) 카이로 인권선언문(Cairo Declaration of Human Rights)은 다음의 문건들에 출판되었다. *Gewissen und Freiheit*, Nr. 36(1991), pp. 93-98. Osman El Hajie. "Die islamischen Lânder und die internationalen Menschenrechtsdokomente", *Gewissen und Freiheit*, 36(1991), pp. 74-79도 보라. Martin Forstner의 비평적 분석인 "Das Menschenrecht der Reiligionsfreiheit und des Religionwechsels als Problem der islamischen Staaten", *Kanon, Kirche und Staat im christlichen Osten. Jahrbuch der Gesellschaft f_rdas Recht der Ostkirchen*, (Wien, 1991), pp. 105-186. 1981년 9월 19일 파리에서 열린 유럽 이슬람회의(Islamic Council for Europe)의 "General Islamic Human Rights Declaration", Cibedo (Documentation) Nr. 15/16, (Frankfurt, 1982)도 보라.

인권이냐 의무냐

이런 이유 때문에, 이슬람 변증가들(신앙 옹호자들)은 일반적으로 알라가 인간에 관한 권리를 가진 반면 인간은 단지 신을 향한 의무만 있다고 확신한다. 예를 들어, 인간은 알라의 뜻에 복종해야하고 이슬람의 다섯 기둥을 성취해야하는 반면, 알라는 인간을 향해 어떤 의무도 가지고 있지 않다.

무슬림과 비 무슬림의 시민권

이슬람 문화는 종교나 국가 혹은 정치와 종교에 있어서 어떠한 종류의 분리도 경험한 적이 없는 반면, 구약 성경에서는 왕과 대제사장 사이에 확실한 권력의 분배가 존재했다. 이슬람에서 무함마드는 몸소 양쪽을 통합하여 동시에 이슬람공동체의 첫 번째 종교와 정치 지도자가 되었다. 그의 다음 후계자들인 칼리프들도 역시 두 가지 직무를 수행했다.

이슬람 국가들에서 이슬람은 국가 종교로써 모든 국민들이 거기에 속한 것으로 추정되며 "국가 건설의 원리로 여겨진다. 국가는 종교사상의 담지자(bearer)이며 그러므로 그 자체가 종교적인 기관이다 … 국가는 알라를 예배하고 종교 훈련을 하고 신앙을 전파할 책임이 있다."[61] 이런 이유로 인해 법은 무슬림들의 시민권과 비 무슬림의 권리를 구별

61) O. Spiess and E. Pritsch, *Klassisches Islamisches Recht. 1. Wesen des Islamischen Rechts*. Handbuch der Orientalistik. Section 1. Vol. 3. Orientalisches Recht, (E. J. Brill: Leiden, 1964), p. 220.

해야한다. 무슬림들은 국가종교를 고수함으로써 그 국가에 대한 충성심을 증명하기 때문에 법적인 보호를 완전하게 누릴 수 있으며, 비 무슬림들은 반역자들로서, 그들의 '불신앙' 때문에 국가로부터 보호받을 권리를 상실하는 것이다. 이런 나라들에서 무슬림들은 항상 비 무슬림보다 더 많은 권리를 갖는다. 예를 들면, 비 무슬림은 대체로 무슬림으로부터 상속을 받을 수 없다.

개종은 대반역이다

무슬림이 된다는 것이 모든 법적 권리를 갖는 시민이 되는 것을 의미하는데 반해, 불신자가 되는 것은 대 반역을 일으키는 것인데, 이는 이슬람이 "국가의 기초 질서의 근본 요소"[62]이기 때문이다.

무슬림이 그의 신앙을 부인할 때, 그는 질서에 반역하고 "그가 속한 사회의 안정"[63]을 해치고 위험에 빠뜨리는 것이다. 마틴 포스트너(Martin Forstner)는 다음과 같이 결론을 내린다.

> 알라와 알라가 계시한 꾸란을 믿고 샤리아에 복종하는 자만이 자격 있는 시민이 될 수 있는데 반해, 신앙이 없는 자들은 사회의 적이다. 매일 다섯 번씩 기도하고 라마단(Ramadan) 기간 동안 금식함으로써 신앙을 고백하는 반복적인 의무는 … 시민의 사기를 전달해주는 매개체인데, 그렇게 해서 이슬람국가는 완전한 시민권을 진정한

62) Forstner, Menschenrecht, p. 116.

63) O. Spies and E. Pritsch, *Recht*, pp. 220-343(여기 220)

신앙 고백과 연결시킨다.[64]

이슬람법이 가장 엄격한 의미에서 해석되어질 때, 시민들의 종교에 대한 국가의 이 '경비원'(watchman) 기능은, 무슬림이 신앙을 버릴 때, 인권선언서의 선언에도 불구하고 이슬람법보다 인권에 우선권을 갖도록 하는 것을 불가능하게 만든다. 무슬림 한 명이 대 반역을 행할 때, 무슬림 관점에 따르면 종교법은 준수되어야 하며 배교자에 대해서는 형벌이 요구된다. 반면 비 무슬림은 단지 꾸란과 샤리아에 의해 주어진 권리만 얻을 수 있다.

비 무슬림을 위한 종교의 자유

비록 많은 이슬람 국가들의 헌법이 종교적 믿음을 행사하는데 자유를 주지만, 비 무슬림은 신앙을 실천하는데 거의 언제나 엄청난 어려움을 겪는다. 그리스도인이 된 무슬림들은 심지어 생명까지도 잃을 수 있다. 그럼에도 이슬람 국가들은 자신들이 관대하며 종교의 자유를 보장한다고 주장한다.

종교의 자유가 대부분의 이슬람 국가의 법에 들어 있음에도 불구하고, 그들의 헌법은 이슬람이 국가종교라고 선언한다. 유대교나 기독교와 같은 소수의 다른 종교들은 그곳에 존재할 수 있는 특정한 권리가 허용되어 있어서, 그 구성원들은 비록 이슬람이 지배하는 지역에서 살

64) Forstner, *Menschenrecht*, pp. 116 & 138.

아간다 할지라도 이슬람으로 개종하도록 요구받지는 않는다. 하지만 법 앞에서는 결코 무슬림과 동등하지 않다. 그들은 제한된 법적 권리를 갖는 '2등급 시민'(2nd-class citizens)으로 머물게 되고 이슬람 국가에 복종해야 되는데, 그들의 종교적 자유는 매우 엄격하게 제한된다(예를 들어, 건물이나 교회를 수리하는 것을 포함해서 말이다).

대부분의 경우 유대교나 기독교 신앙은 조용하게 진행되어야하는데, 그 이유는 "무슬림 시민이 타종교의 선교 활동을 참아 내거나 계속 저항하는 것을 기대할 수 없기 때문이다."[65] 오직 묵인되거나 아니면 관리를 받아야 하는 비 무슬림 신앙은 단순히 법에 의해 강제되는 조건하에서만 존재할 수 있고, 그렇지 않으면 전혀 불가능하다.

비 무슬림들이 이슬람과 꾸란, 아니면 예언자 무함마드를 모욕하거나 헐뜯는 것은 금지되는데, 무슬림들의 의견에 따르면 이런 일은 기독교 복음전도에서 자동적으로 일어나는 일이다. 예를 들어, 모로코의 법은 무슬림을 다른 종교로 개종시키는 것에 대해 6개월에서 3년까지의 금고형과 동시에 200에서 500디르함(dirham)의 벌금을 요구한다.[66] 이슬람을 거부하는 것은 여전히 죽음에 해당하는 범죄로 여겨지는 반면, 무슬림은 다른 사람들을 이슬람으로 개종시킬 권리를 갖는다.

65) Forstner, *Menschenrecht*, p. 114.
66) Forstner, *Menschenrecht*, p. 114.

결론

이슬람의 모든 종류의 인권선언들은 계속해서 이슬람 신앙과 샤리아법의 권위를 강조하는 까닭에, 단지 이슬람과 그 원리들을 존중하는 시민권만 보장받을 수 있다. 이것은 자동적으로 비 무슬림의 권리들을 제한하여, 이슬람법 아래서 단지 무슬림만 모든 권리를 누리도록 허용하는데, 그것은 무슬림만이 충성스런 시민으로 여겨지기 때문이다.

비 무슬림들은 제한된 권리를 제공받지만 그들이 존재하는 것은 허용된다. 이슬람 신앙을 거부하는 무슬림은 모든 권리들을 잃게 되는데, 국가와 정부에 대한 반역자로 간주되어 법정 시스템 아래서든지 그의 이웃들에 의해서든지 사형판결을 받을 수도 있다. 이는 1979년 짇다(Jidda)에서 모인 이슬람 컨퍼런스에서 작성된 "인권에 관한 이슬람 선언을 위한 초안"(Draft for an Islamic Declaration of Human Rights)에서도 강조된다.[67)]

이 선언문은 무슬림이 개종하는 것을 항상 금지한다. 배반자에게 사형 판결을 하지 않는 것은 샤리아법에 대한 위반이 된다. 그러므로 샤리아법이 어떤 특정한 맥락에 구속받게 될 때면 개종자에 대한 인도적인 대우를 기대할 수 없으며, 심지어 인권선언이 그처럼 주장할 때에도 결과는 마찬가지이다.

67) Forstner, *Menschenrecht*, p. 109.

무슬림들이 기독교로 개종할 때
– 이슬람에서의 배교와 사형

무슬림은 이슬람을 버리고 기독교로 개종할 권리가 있는가? 신앙은 개인의 문제인가 국가의 문제인가, 그리고 조직들이 신앙을 감시하고 통제할 책임을 가지고 있는가? 기독교와 이슬람은 이 질문을 상당히 다르게 바라본다.

교회와 국가가 분리되어 있는 '계몽된' 서구 세계에서, 개인의 신앙은 삶에 있어서 가장 사적인 영역 중의 하나이다. 너무 사적인 문제여서 많은 이들은 그들의 신앙을 상세하게 잘 나누려 하지도 않는다. 많은 현대인들은 교회로부터 독립되어 자신의 확신에 따라 형성된 그들의 개인 신앙을 '늘 교회로 달려가는' 이들의 신앙보다 더욱 확실한 '참된 신앙' 이며 더 종교적이라고 생각한다.

이슬람의 견해는 상당히 다른데, 신앙과 종교는 근본적으로 국가의 통제에 복종해야 하는 공적인 일이라고 생각한다. 비록 통제의 정도는 국가들마다 다르지만 말이다. 이슬람이 국가 종교이고 국가 질서의 기둥인 곳마다 좋은 시민이란 이슬람을 신봉해야하는 것으로 생각된다. 배교는 곧 반역이다.

꾸란에서의 배교 : 진노와 형벌

이슬람에 따르면, 알라를 부인하고 복종하기를 거절하는 사람의 단순한 불신앙도 심각한 죄이다. 이슬람 신앙을 알면서도 거부하는 사람은 누구나 아주 심각한 죄를 짓는 것이다. 꾸란은 배교에 대해 몇 군데서 이야기한다. 꾸란 16장 106절은 배교자에게 주어질 알라의 진노와 '가혹한 형벌' 을 언급한다. 꾸란 2장 217절은 신자들을 배교로 인도하는 것에 대해 경고하는데, 이 범죄는 '살인보다 더 중대한' 것이기 때문이다. 배교자의 선행은 하잘 것 없는데, 이는 그의 배교가 용서받을 수 없을 것이기 때문으로, 지옥으로 던져질 것이다. 꾸란 3장 86절-91절은 그에 대한 보상에 대해 묘사한다.

알라와 인간과 천사들의 저주가 그에게 있다(3:87; 9:67-68). 그 저주받은 자들에 대한 구속이나 중재나 도움은 아무것도 없다. 알라는 결코 배교자들을 용서하실 수 없는데(4:137), 이는 그들 스스로 특별한 형벌을 자초한 불신자들이기 때문이다. 하지만 영원한 지옥 형벌 외에, 꾸란이 현실 세계에서의 형벌을 규정하지 않으며 배교자를 처벌하기 위한 아무런 법률 소송을 제기하지도 않는다는 것은 흥미로운 일이다.

"정신 능력을 완전히 소유한 상태"에서의 배교

'이슬람에서의 배교'(아랍어로 *이르티다드*, irtidâd)는 태생적인 무슬림이나 후에 무슬림으로 개종한 사람이 이슬람으로부터 고의적으로 탈퇴한 것으로 입증된 것을 의미한다. 그에게 형벌이 부과되기 전에, 그는 정신능력을 온전하게 소유한 상태에 있어야 하고, 강압에 의해서가 아니라 자신의 자유의지에 의해 행동하는 상태에 있어야 한다. 배교는 한 분 참 신이신 알라와 그의 예언자 무함마드를 부인하는 것을 의미한다.

하지만 이슬람 신학자들은 배교에 대한 실제적인 정의에 동의하지 않는다. 꾸란은 배교의 실제를 가르치지만 명확하게 정의를 내리지는 못한다. 이슬람의 다섯 기둥(신앙고백, 하루 다섯 번의 기도, 라마단 동안의 금식, 자선을 베풂, 메카 순례)을 수행하지 않는 것이 배교인가?

하루에 다섯 번씩 기도하지 못하는 정당한 이유가 없고, 개선하고자 하는 의도를 보여주지 않는다면, 세 개의 순니파 법률학파인 말리키 학파(Malikis)와 샤피이 학파(Shâ i'ites), 그리고 한발리 학파(Hanbalis)는 이를 배교자로 생각한다. 기도를 고의적으로 태만히 하는 것이 가장 중대한 죄들 중의 하나로 여기기 때문이다. 아부 하니파(Abü Hanîfa. Hanafi 학파의 설립자)는 그런 사람을 여전히 신자라 생각하지만, 그가 기도할 준비가 될 때까지 개선을 위해 감금시킬 것을 제안한다.[68]

한 개인이 무심코 이슬람의 요구사항들을 이행하지 못한다고 해서 배교자는 아니다. 그의 태만은 여전히 죄이기에 재판관의 재량에 따라 형벌이 결정된다.[69] 배교의 판결은 복종하지 않겠다는 죄인의 의도적인 거부에 달려있다.

---

68) J. Schacht, "Katl", *Encyclopaedia of Islam*, Vol. IV, (E. J. Brill: Leiden, 1990), p. 771.

69) Adel E. Baradie, *Gottes-Recht und Menschenrecht. Grundlagenprobleme der islamischen Stafrechtslehre*, (Nomos: Baden-Baden 1983), p. 124.

배교는 반역이다

따라서 배교는 이슬람의 신앙고백을 이론적으로 부인할 때 뿐 아니라 신앙의 실천을 고의적으로 무시할 때 일어난다. 무함마드를 경시하거나 (예를 들어, 태우거나 더럽힘으로) 꾸란을 오용하거나, 알라의 99개의 이름들 중 하나를 욕하는 것 또한 배교이다.[70] 마법을 행하거나 조상을 숭배하는 것 역시 배교로 간주되는데, 이것들이 우상을 숭배하는 행위이기 때문이다. 영혼이 윤회한다는 신앙 역시 배교가 되는데, 이 믿음은 한 번 죽은 자는 심판의 날에 그들의 무덤에서 부활한다고 가르치는 이슬람 신앙을 부인하기 때문이다. 심지어는 교회에 가거나 기독교 신앙에 흥미를 보이는 것도 탈퇴 행위로 간주될 수 있다.[71] 무함마드가 어떤 육체적 결함을 가졌다는 암시를 주거나, 그의 지식이나 도덕성이나 덕행의 완전함에 대해 의문을 제기하거나, 천사들을 비방하는 것[72] 역시 배교의 성립 요건이 된다.

이슬람에 있어서 배교는 서구 사회에서처럼 단순히 (예를 들어, 교회 멤버십의 철회와 같은) 사적이거나 종교적 사안이 아니기 때문에 국가가 행동해야만 한다. 배교는 무슬림 사회(umma)를 향한 반역이며 무슬림 국가의 토대를 뒤흔드는 것인데, 이는 이슬람이 사회와 국가 자체의 버

70) 'Abd al-Rahmân al-Djazîri, *kitâbu l-fiqh 'alâ l-madhâbihi l-'arba'a*, (Cairo, 1934/1987/8). German: *Die Strafen f_r den Abfall vom Islam nach den vier Schulen des islamischen Rechts*, Aus dem Arabischen _bersetzt von Ishak Ersen. (Licht des Lebens: Villach, 1991), pp. 11-12.

71) al-Djazîri, *kitâbu*, p. 12.

72) al-Djazîri, *kitâbu*, p. 12.

팀목이기 때문이다. 배교는 사회질서의 근간을 흔들고 무너뜨린다. 그것이 바로 반역이기 때문에 국가는 그것을 기소해야 한다.

이슬람은 배교에 대해 사형을 요구한다

꾸란은 배교에 대한 법적인 형벌에 대해 거의 언급하지 않지만, 그에 대한 꾸란의 교훈과 이슬람 전통의 배경을 기초로 하여 이슬람 신학은 배교자들의 처리와 형벌을 위한 방침들을 만들어냈다. 오직 소수의 신학자들만이 개인의 양심에 호소해야 한다는 꾸란의 경고를 믿는데, 그에 대하여 국가는 책임이 없다.[73] 파키스탄의 한 분파로서 박해를 당하는 아흐마디야(Ahmadîya) 운동은 배교자에 대한 사형을 반대한다.

꾸란 4장 88-89절은 알라가 타락의 길로 인도한 위선자들에 대해 경고한다. 그런 사람들은 회개의 희망이 없고 무슬림 공동체에 위험을 가져다주는데, "그들은 자신들이 믿지 않은 것처럼 너희도 믿지 않고 너희도 (모두) 똑같이 되기를 갈망"(4:89)하기 때문이다. 그 본문은 계속해서 "그들이 만약 변절하면 그들을 체포하고, 어디서든 그들을 발견하면 죽이고, 그들로부터 친구나 조력자를 취하지 말아야 한다"고 말한다.

73) Heribert Busse, Martin Honecker, Gottes-nd Weltverst dnis im Islam und Christentum, EZW Texte. Informationen Nr. 123 IX/1993 EZW: (Stuttgart, 1993), p. 18.

회개할 기회로써의 감금

일반적으로 배교자 처리에 대한 구체적인 명령으로 해석되는 위의 구절은 그 범죄에 대해 사형을 요구한다. 유명한 이집트 신학자 무함마드 아부 자흐라(Muhammad Abû Zahra. 1898-1974)는 무슬림이 사형에 처해질 수 있는 세 가지 경우인 배교와 정당한 법적 결혼에 따르는 음란, 그리고 가족의 피의 복수를 제외한 어떤 살인에 대해 이야기 한다.[74]

배교자를 처형하도록 하는 명령은 이슬람 전통에서만큼 꾸란에서 그렇게 많이 나오는 것은 아닌데, 하지만 무함마드의 생애로부터 온 전통들은 훨씬 더 노골적이다. "종교를 바꾸는 사람은 누구든지 죽여라,"[75] 그리고 "너희로부터 자신을 분리시키는 사람(혹은 신앙을 거부하는 사람)은 죽어 마땅하다."[76]

전통은 무함마드의 이야기를 들려주는데, 자신의 추종자들 중 몇몇을 죽였다고 알려진 배교자들을 무함마드가 비합법적으로 수족을 절단하고 죽였다는 것이다. 샤크트(J. Schacht)는 무함마드의 행위를 정당화하기 위한 이슬람의 시도들에 대해서 논하지만,[77] 꾸란은 그 일에 관하여 그러한 과정을 따라 행동하라는 명확한 계시를 제공해 주지 않는다.

74) Muhammad Abû Zahra, *al-jarîma wa-l-'uqûba fî l-fiqh al-islâmî*, (Cairo, Part 1 ca. 1995, Part 2 ca. 1965, here Part 1), p. 172. Ibrâhîm Ahmad al-Waqfi, *tilka hudûd allâh*, (Qatar, 1397/1977), p. 269도 보라.

75) 부카리(Buhâri)의 전통에 따름. *The Translation of the Meanings of Sahih al-Bukhari*, Arabic-Engl. Vol. 9. (Kitab Bhavan: New Delhi 1997), p. 45.

76) Schacht, "Katl", p. 771.

77) Schacht, "Katl", p. 771.

다른 전통들도 있는데, 무함마드는 그의 인생 말년에 동족의 도시인 메카(Mecca)에서 포로들을 추적하면서, 무슬림을 죽인 두 명의 배교자와, 불법적인 일은 전혀 하지 않은 것으로 알려진 또 한 사람을 처형했다.[78]

그 자료들로 판단해볼 때, 배교자들에게 대한 사형은 예언자 무함마드의 죽음 이후에 실행된 것처럼 보이고,[79] 현대 순니파와 시아파의 법은 일반적으로 배교와 신성모독, 예언자나 천사들에 대한 조롱이 사형으로 처벌받아야 한다는 것에 동의한다. 하지만 배교에 대한 고소는 명백히 증명되어야 하는데, 예를 들면, 신성모독이나 예언자를 조롱하고, 이슬람의 다섯 기둥들을 실행해야하는 필요성을 부인하거나, 혹은 만약 피고인이 우상숭배와 마술과 꾸란의 오용과 같은 행동에 참여했을 경우이다.

가족들의 박해

일단 고발이 되면, 배교는 기본적으로 국가가 기소하는 범죄이다. 때때로 친척들이 범죄자를 가족으로부터 추방하거나 지역에서 쫓아내거나, 심지어 그를 살해해버리는 것과 같은 선택적인 '해결책'으로 배교라는 '불명예'를 씻어내고 싶어 한다.

배교 사건을 재판관 앞으로 가져가려면 대개 두 명의 남성 증인의 확인을 받아야 한다.[80] 피고의 죄를 판결하기 위해, 재판관은 그에게 신앙고백("알라 외에 다른 신은 없으며 무함마드는 그분의 예언자이다")을 반

78) Schacht, "Katl", p. 771.
79) Khoury, *Koran*, Vol. 2, p. 95.
80) Khoury, *Koran*, Vol. 2, pp. 95-96.

복하도록 요구할 수 있다. 그 신앙고백을 거부하는 것은 배교의 증거로 간주될 수 있다.

배교자에게 유죄판결을 내리기 위해서는 그의 정신능력이 온전한 상태에 있어야 하고, 강압이나 중독 상태에서는 이슬람을 포기한 것으로 여길 수 없다. 그러므로 아이들과 정신박약자들은 결코 배교자로 판결할 수 없고, 여성들은 단지 특별한 환경 가운데 있을 때에만 판결 가능하다. 비록 다양한 법학파들이 여성들의 책임에 관하여 의견이 일치하지 않지만 말이다.

세 개의 순니파 학파인 사피이 학파, 말리키 학파와 한발리 학파는 이 문제에 있어서 남자와 여자를 구분하지 않는다. 말리키 학파는 여성이 임신해 있거나 수유 중일 때는 유죄평결의 유보를 요구한다. 하나피 학파는 남성 무슬림에 대해 사형을 허용하지만, 꾸란 24장 2절과 4장 15절의 공통점에 따라 그들과 시아파는 특정 절차를 강조하는데, 이 절차에 의해 여성 배교자는 그녀가 철회할 때까지 구금되어 3일 마다 혹은 심지어 매일 매를 맞게 된다.[81] 적어도 이론상으로는 그렇다. 하나피 학파의 설립자인 아부 하니파(Abû Hanîa) 역시 여성에 대한 형벌로써 노예제를 제안하는데[82] 이는 훨씬 더 이론적이다.

실제로 법정에서는 좀처럼 배교 건을 다루지 않는다. 무슬림들이 기독교로 개종할 때, 그들은 재판관의 유죄 평결을 두려워하는 대신에, 그들의 가족이나 심지어 구경꾼들에 의해 비공식적으로 처벌되는 것으

81) Khoury, *Koran*, Vol. 2, p. 96.
82) Schacht, "Katl," p. 771.

로 보인다. 무슬림의 배교선언에 대해 즉각적이고 개인적인 보복이 빈번하게 일어나는 것 같다. 게다가 배교에 대한 사법 소송절차는 서구 신문들의 달갑지 않은 주의를 불러일으키게 된다.

배교자도 정당한 사법 소송절차를 따를 권리를 갖고 있지만, 실제로는 재판에 회부하거나 신앙을 철회할 기회도 주지 않으며, 심지어 그를 죽인 무슬림은 살인자로 고소당하지도 않을 것이다. 그 살인자는 비록 이론상으로는 그릇되게 행했다 할지라도, 공식적으로는 그 범죄에 대해 고소당하지 않는다. 기껏해야 그는 이론상 너무 빨리 행동했다는 비난을 받을 수는 있는데, 사법 제도가 조치를 취하는 것을 기다리지 못했다는 이유이다. 하지만 무슬림 사회의 시각으로 볼 때 그는 살인을 한 것이 아닌데, 배교자를 처형하는 것은 범죄가 아니기 때문이다.[83]

재판관은 그 살인자에게 형을 부과하기로 판결하기도 하지만 단지 가벼운 형벌이나 심지어는 훈계 정도에 그친다.[84] 따라서 배교자는 자신이 어떤 법적 보호 장치조차 없는 법익 박탈자임을 발견하게 된다.[85] 배교자가 법정에 출두할 때도 동일한데, 그 살인자는 사형 판결을 받지 않는다. 이슬람 법률 교의학자인 압둘 까데르 우다 샤히드(Abdul Qader 'Oudah Shaheed)가 강조한 것처럼, 그 살인자는 다만 정당한 원칙을 수행했을 뿐이다. 왜냐하면 샤리아(Sharî'a)에 따르면 배교자를 처형하는 것은 권리가 아니라 모든 무슬림의 의무이기 때문이다.[86]

---

83) Shaheed에 따르면, 말리키 학파만 배교자에 대한 경솔하고 개인적인 살해에 대해 벌금형을 줄 수 있는 중대한 범죄로 생각한다. Abdul Qader 'Oudah Shaheed, *Criminal Law of Islam*, 3 Vols., (International Islamic Publishers: New Delhi, 1991), Vol. 2, p. 258.

84) Erwin Gräf, "Die Todesstrafen des islamischen Rechts", *Bustan* (Vienna) 4(1962): 8-22 and 1(1965): 9-22.

85) Shaheed의 무슬림 법률 교의학은 이것을 증명한다. Shaheed, *Law*, Vol. 2, p. 257.

86) Shaheed, *Law*, Vol. 2, pp. 258-259.

그렇게 엄한 법규에도 불구하고, 모든 배교자들이 처형되지 않는 것은 배교자가 도망할 수 있거나 아니면 그의 환경이 위태해서가 아니라, 그 처벌이 이행되지 않기 때문이다. 하지만 다른 결과들도 있을 수 있다.

가족과 가정과 재산의 상실

배교자가 처형되든 안 되든, 대개 재산 몰수와 같은 다른 수단들이 취해진다. 각각의 법률학파들은 몰수의 범위에 대한 가지각색의 의견들을 가지고 있다. 어떤 이들은 모든 재산을 압수해야 한다고 권고하는 반면, 다른 이들은 배교한 이후에 모은 재산만 몰수되도록 허용한다.[87] 하나피 학파는 범죄자가 이슬람으로 돌아올 때 그의 재산의 소유권을 되찾도록 허용하는 반면, 다른 세 학파들은 그가 죽은 후 국가가 그 재산을 맡게 한다.[88]

재판 전에 배교자는 아마도 직업을 잃게 될 것이고, 가족들은 가능한 한 그를 무슬림 성직자가 집례하는 예배를 통해 공동체로 다시 되돌리려 노력할 것이다. 그것이 안 되면 그를 정신병원에 보내거나 그 지방을 떠나게 하거나 가족에게서 추방할 것이다.

배교자의 결혼은 자동적으로 취소되는데, 배교자와의 결혼이 불법이기 때문이다. 그렇게 되면 남성 개종자는 갑자기 자신의 아내와 법적인 간통관계에 있다는 것을 깨닫게 되는데, 그녀가 그로부터 떠나기를 거

87) Shaheed, Law, Vol. 2, p. 59.
88) Djazîrî, *kitâp*, pp. 17-18.

부한다면 함께 돌에 맞아 죽게 될 것이다. 게다가 여성 무슬림은 비 무슬림과 결혼해서는 안 된다. 설사 그 배교자가 무슬림 신앙으로 돌아온다 할지라도 법적으로 결혼이 성립되게 하기 위해서는 결혼식을 다시 해야 한다. 또한 상속 문제나 재산권에 있어서도 여러 가지 그 이상의 결과가 기다리고 있다.[89] 배교자는 대체로 재산을 빼앗긴다. 설사 그가 비 무슬림국가로 옮겨간다 해도, 그의 고국은 그를 죽은 사람으로 취급할 것이고, 그래서 그의 상속자가 그의 재산을 상속하게 된다.[90]

배교는 신성모독이다

무슬림 신학자들은 배교자에게 사형이 선고되기 전에 신앙을 철회하도록 성직자가 권고를 하는 것이 바람직하다는 데에 동의하지 않는다. 대부분은 훈계할 것을 권하고, 범법자가 회개할 수 있도록 얼마만큼의 시간(예컨대, 3일)을 허락하자고 제안하지만, 기다리고 싶어 하지 않는 복수자는 사법적 형벌을 두려워하지 않는다.

말리키 학파는 이 반성하는 기간에 당국이 죄수를 구타하는 것을 금하지만, 재판관이 한 번 사형을 명령하면 그가 무슬림 묘지에 묻히는 것을 허락하지는 않는다.[91] 만일 그가 회개한다면, 그는 다시금 무슬림처럼 대우를 받을 것이다. 만약 그 범죄자가 이미 여러 차례 이슬람으로부터 돌아 선적이 있다면 그의 복귀는 더욱 어렵다. 말리키와 한발리

89) khoury, *Koran*, vol 2, pp. 97-98.
90) Gräf , "Todesstrafen", p. 21.
91) al-Djazîrî, *kitâp*, pp. 17-18.

학파는 그런 경우에 어떤 명백한 회개에도 불구하고 사형을 요구하고,[92] 반면 샤피이 학파는 각각의 이슬람에로의 새로운 복귀를 진정한 회개로 간주한다.

신학자들은 또한 이슬람으로 개종한 자의 배교와, 무슬림으로 태어나 양육된 사람의 배교 사이에 생기는 차이에 대해 의견이 다르다. 그들은 또한 죄를 뉘우치는 배교자에 대한 사형의 방편에 대해서도 다른 견해를 가지고 있다. 시아파 신학에 따르면, 회개는 사형을 철회하기에 충분하지 않다.[93] 이것이 바로, 1989년 2월 14일 파트와(Fatwa, 법적인 발표)를 통해 아야톨라 호메이니(Ayatollah Khomeini)가 살만 루시디(Salman Rushdie)에게 선고한 사형 판결이, 루시디가 공개적으로 자신의 불경한 소설 '악마의 시(The Satanic Verses)'를 절판하고 공식적으로 그것에 대해 사과했을 때에도 철회되지 않은 이유일 것이다. 봄베이에서 태어나 영국에서 자란 무슬림이라면, 그리고 그가 배교의 범죄가 확정되는 것을 두려워하며 사는 한, 누구도 이슬람이나 꾸란이나 천사들이나 예언자 무함마드를 비방하거나 모욕하지는 않을 것이다.

십자가형인가 참수형인가?

이슬람 당국은 신앙을 배신한 자(그의 죄가 증명되었다고 가정한다면)를 칼로 참수하되 어떤 식으로든 고문하지 말 것을 요구한다. 다른 방식의 처형도 허용되는데 십자가형도 가능한 방식이다. 무함마드가 총애한

92) al-Djazîrî, *kitâp*, p. 52.
93) Abdoljavad Falaturi, "Abfall von Islam", *Lexikon der islamischen Welt*. Ed. by Klaus Kreiser and Rotraud Wielandt. W. Kohlhammer: Stuttgart 1992. pp. 17-18.

아내 아이샤(Aisha)까지 거슬러 올라가는 한 전통은 배교자를 십자가에 못 박아서든지 불에 태워서든지 처형하도록 요구한다.[94] 칼리프 우마르(Umar II)는 배교자들을 기둥에 묶고 창으로 찌르게 했다고 한다.[95] 오토 스파이스(Otto Spies)는 보다 많은 실례들을 인용한다.[96] 아마 가장 잘 알려진 예는 이단 교리 때문에 922년 바그다드에서 이단자로 십자가형을 당한 신비주의자 알 할라즈(al-Hallîj)에 대한 유죄 판결이다.

십자가형은 배교자에게만 행해진 것은 아니다. 이슬람법은 또한 도시 경계 외곽에서 일어나는 살인을 수반하는 난폭한 노상강도(아랍어로 *까뜨 앗-따리끄*. qat' at-tarîq)에게도 이를 적용하도록 한다. 반역자들과 폭도의 주동자들과 이단자들 역시 십자가형을 받아야 한다.[97] 어떤 신학자들은 십자가형을 처형방법으로 추천하지만, 다른 이들은 처형 이후의 억지력으로써 선호한다.

이슬람 신학에 따르면, 무슬림인체 하지만 불신자인 이단자(아랍어로 *진디끄*. zindîq)는 배교자와 같다. 말리키와 한발리 학파는 회개할 기회도 주지 말고 회개 여부에 관계없이 그를 처형할 것을 요구하는데, 그들은 그를 꾸란이 아주 강하게 비난하는 위선자(아랍어로 *무나피끄*. munafîq)와 동일시해서 배교자보다도 더 무거운 형벌을 요구하기 때문이다.

94) Otto Spies를 보라. "Über die Kreuzigung im Islam", Religion und Religionen. Festschrift für Gustav Mensching zu seinem 65. Geburtstag, dargebracht von Freuden und Kollegen, (Ludvig Röhrscheid: Bonn, 1967), p. 145.
95) Spies, "Kreuzigung", p. 145.
96) Spies, "Kreuzigung", p. 145ff.
97) 실례로 Spies, "Kreuzigung", p. 150을 보라.

만약 처형되기 전에 회개한다면, 무슬림 묘지에 묻힐 수도 있는데, 불신자가 아니라 신자로서 그의 죄로 인해 처형되어 죽었기 때문이다.[98] 하나피와 샤피이 학파는 그가 회개하기만 하면 처형을 요구하지 않는다.[99]

하나님의 기적

이슬람은 그가 그리스도인이 되든지 종교를 완전히 부정하든지 간에, 몇 가지 형벌로 배교자를 위협한다. 추방, 상속받지 못함, 이혼, 협박, 가족과 직업의 상실, 위협, 구타, 고문, 감옥, 심지어 죽음이 그리스도인이 된 무슬림에게 아주 실제적으로 일어나는데, 모든 것이 다 함께 일어나지는 않는다. 드물게는 개종자의 가족이 그의 결심을 받아들여 함께 그리스도인이 되는 기적이 일어나기도 한다. 그렇지 않으면 그 개종자는 지속적으로 발각될 위험과 박해의 위험 속에서 살아가게 된다.

그는 아주 은밀하게 다른 그리스도인들과 만날 수는 있지만, 교회 안에서 그가 그렇게 필요로 하는 사랑과 용납을 얻지 못하기도 하며, 또한 무슬림 스파이들을 매우 두려워할 수도 있다. 박해와 어려움에도 불구하고, 이슬람에서 개종한 사람들의 수가 꾸준히 증가하므로 이전보다 그리스도인이 되는 무슬림이 더 많은 것으로 보인다. 인간적인 관점에서 교회가 도무지 존재할 수 없다고 여겨지는 바로 그곳에 하나님은

98) al-Djazîrî, *kitâp*, p. 25.
99) al-Djazîrî, *kitâp*, p. 27.

그분의 교회를 세우고 계신다. 박해받는 교회에 속한 동료 그리스도인들을 공개적으로 상기시키고, 개종자들을 위해 기도하며, 가능한 어디서든지 그들을 지원하는 것은 자유 서방국가에 사는 그리스도인들의 주된 의무이다.

학습 질문

- 무슬림들과 기독교인들은 각자의 신앙과 공동체를 떠나는 사람을 어떻게 보는가? 그처럼 떠나는 사람들에 대해 어떤 일시적이거나 영원한 형벌이 관련되어 있는가?

CHAPTER

17

19세기 무슬림 변증학에 대한
유럽 고등비평의 영향[100)]

The Islamic View of Major Christian Teachings

이 글의 목적은 19세기에 기독교에 대한 무슬림의 새로운 시각이 어떻게 발전했는지를 추적하는 것인데, 이것은 오늘날의 무슬림 변증적 저작들에도 여전히 커다란 영향을 미치고 있다. 19세기의 기독교 교리와 기독교 자체에 대한 색다른 관점을 획득하고 난 이후로 반 기독교적인 서적들의 저술은 그 변증적 특성을 변화시켰다.[101)]

---

100) 본래 "The 19th century *izhâr al-haqq*' polemic as turning-point of Muslim apologetics", *Proceedings of the International symposium on Muslim perceptions of Other Religions and Cultures throughout History*, 15.-21.12.1991에 출간되었다. Departement d' Histoire et des Science des Religions. Universitât Lausanne: Lausanne, 1992= "the Influence of Higher Bible Criticism on Muslim Apologetics in the Nineteenth Century. S. 270-279 in: Jacques Waardenburg. *Muslim Perceptions of Other Religions*. Oxford University Press: New York/Oxford, 1999. 요약판은 "Muslim Apologetics and the Agra Debates of 1854: A Nineteenth Century Turning Point". The Bulletin of the Henry Martyn Institute of Islamic Studies 13(1994) 1/2(Jan-Jun): 74-84(Hyderabad, India)로 출간되었다.

101) 다음에 이어지는 본문은 나의 논문 *Mit den Waffen des Gegners. Christlich-Muslimische Kontroversen im 19. und 20. Jahrhundert, dargestellt am Beispiel der Auseinandersetzung um Karl Gottlieb Pfanders 'mîzân al-haqq' und Bahmatullîh ibn Halîl al-ᶜUtmânî al-Kairânawîs 'izhâr al-haqq' und der Diskussion über das Barnabasevangelium*, (Berlin: Klaus SchwarzÄ Verlag, 1992)의 자료에 기초한다. 이 논문에 대해서는 각주 42번을 참고하라(역주).

무슬림-기독교 변증학의 발달은 19세기 중반에 일어난 한 사건으로 거슬러 올라간다. 1854년 4월 10일과 11일에, 인도 아그라(Agra)에 있는 영국의 선교기관인 Church Missionary Society(CMS)의 교실에는 수 백 명의 무슬림들과, 대부분 기독교 선교사들이지만 영국 식민지의 권력을 가진 정부 관료들인 몇몇의 유럽인들이 모여 있었다. 그들 모두는 아그라의 무슬림 공동체가 발의한 공개적인 논쟁을 듣기 위해 모여 있었다. 그 논쟁은 스바비아(Swabia) 뷔르템베르그(Wüttemberg)의 경건주의 운동 단체에서 온 독일 선교사인 칼 고틀리브 판데르(Karl Gottlieb Pfander. 1803-1865)와 인도 시아파 무슬림 신학자인 라흐마툴라 이븐 칼릴 알 우트마니 알 카이라나위(Rahmatullâh Ibn Haîl al-ᶜUtm -al-Kairânawî. 1818-1891) 사이에서 진행되었다.[102] 이 논쟁은 거의 150년 전에 일어난 사건임에도 불구하고, 두 반대진영의 연사들은 그 대화의 이슈들과 관련하여 오늘날까지도 무슬림 세계에서 여전히 잘 기억되고 있다. 이 공개적인 논쟁은 이틀 동안이나 지속되었는데 여기에서 토론의 주제는 주로 타흐리프(tahrîf. 성경변질론)였다.

1854년 그 논쟁의 도전자는 무슬림 신학자인 알 카이라나위였는데, 그는 기독교의 열등함을 공개적으로 드러냄으로써, 단번에 그리고 모든 사람에게, 지난 10년 동안 인도에서 활동한 개신교 선교사들이 전한 기독교 교의 때문에 무슬림들의 믿음이 흔들려서는 안 된다는 것을 명백하게 하려고 했다.

---

102) 더 상세한 이야기는 예를 들어, Ann Avril Powell, Contact and Controversy between Islam and Christianity in Northern India 1833-1857: The Relations between Muslims and Protestant Missionaries in the North-Western Provinces and Oudh(unpubl. Ph.D. thesis), (London, 1983), 273f를 보라.

인도는 1813년의 영국 의회 법령에 의해 개신교 선교사들의 활동에 개방적이었고, 캘커타의 람베쓰(Lambeth) 궁에서 1814년 5월 8일에 첫 번째 성공회 주교가 임명되었다.[103] 1832/1833년에는 비 영국 선교기관들이 뒤따라 들어오는 것이 허용되었고 인도 전역에 기독교 선교망을 구축하기 시작했는데, 어느 정도 영국 정부의 공식적인 지지를 받았다. 1854년 시아파 알 카이라나위가 무슬림 종교의 옹호자로 자신을 드러냈고, 모든 무슬림 공동체에 그런 식으로 분명히 받아들여졌다는 사실은 매우 흥미롭다.

토론의 주제를 타틀리트(tatlît. 삼위일체), 꾸란의 알라의 말씀됨, 예언자 무함마드를 보내심 등으로 확대하려 했지만, 기독교 성경의 변질 문제로 인해 더 이상 진행되지 못했다. 그 토론의 논쟁점에 관하여, 알 카이라나위는 기독교 성경은 폐기되었다고 주장하며 성경 자체에서 가져온 실례들을 가지고 증명하려고 애쓴 반면, 기독교 선교사들은 구약성경과 신약성경의 완전성을 계속해서 주장했다. 이틀 후, 반대자들은 해산하면서 "양측 모두 승리를 주장했다."[104]

물론, 그 논쟁 후에 기독교로의 개종이 약간 일어났다. 1864년에 세례를 받은 유명한 사프다르 알리(Safdar ᶜAlî)[105] 이외에도, 아마도 인도에서 기독교로 개종한 무슬림 중 가장 유명한 사람은 이마드 운딘

103) H. H. Dodwell(ed.), *The Cambridge History of India*, Vol. 6: The Indian Empire 1858-1918, (New Delhi, 1932), p. 124.

104) Eugene Stock, "The C.M.S. Missions to Mohammedans", *The Muslim World* 2(1912), p. 128; W. H. T. Gairdner, The Reproach of Islam, (London, 1909), p. 248.

105) 사프다르 알리(Safdar ᶜAlî)의 기독교로의 회심에 관한 이야기는 *Church Missionary Intelligencer* 2 NS/July 1866, pp. 215-221에 나타나 있다. 그의 회심에 대한 자신의 보고서 부분은 D. Rajaiah Paul, *Lights in the World. Life Sketches of Maulvi Safdar Ali and the Rev. Janni Alli(sic)*, (Lucknow, 1968), pp. 20-23+28-30으로 출판되었다.

(ᶜImâd ud-Dîn. 대략 1830-1900)인데, 그는 1866년에 세례를 받고 1872년에 성공회 사제로 서품을 받았다.[106] 그는 이전에 기독교 선교사들의 사역에 반대하는 모스크에서의 설교에 몰두했었고, 나중에는 이슬람에 반대하는 유명한 책인 hidâyat al-muslimîn 이나 tahqîq al-imân과 같은 몇 권의 변증서를 썼다.

그런데 이 1854년의 논쟁은 왜 중요한 것인가? 이전에도 그리고 현재까지도 타흐리프(tahrîf)와 같이 이슬람과 기독교 간의 조우에 집중하게 하는 훨씬 더 많은 논쟁들이 되풀이해서 있어오지 않았는가?

1854년에 있었던 아그라(Agra) 논쟁은 역사적인 이정표이다. 19세기 인도의 종교 상황을 잘 아는 전문가들은 단언하기를 "…요즘은 1850년대에 있었던 라흐마툴라와 판데르(Rahmatullâ-Pfander) 사이의 논쟁 같은 극적인 규모의 논쟁이 없다"고 말한다.[107] 나는 여기서 이 인도에서의 무슬림-기독교도 간의 논쟁의 의미와 미래에 무슬림 변증 저작들에 미칠 영향을 분석하고자 한다.

106) 바젤 선교회(Basel Mission Society)의 독일 잡지인 EMM(Evangelisches Missions-Magazin)은 "A Mohammedan Brought to Christ, Being the Autobiography of a Native Clergyman in India"(No. 14(1871), pp. 397-412)라는 제목으로 그의 회심에 관한 이야기를 출간했는데, 필시 이것은 우르두(Urdu)어로 된 그의 회심을 다룬 소책자의 요약본으로써, 1957년엔 라호르(Lahore)에서 재출간되었고 1978년에는 바냠바디(Vanyambadi)에서 재출간되었다.

107) Narayni Gupta, *Delhi, between two Empires 1803-1931.* Society, Government and Urban Growth. (Delhi, 1981), p. 79.

장소와 시간의 중요성

19세기와 그 이후에 관하여 자크 바르덴부르그(Jacques Waardenburg)는 다음과 같이 기록한다.

> 우리는 지금 무슬림 국가들과 기독교 전통의 상속자인 확장되고 있는 서구국가들 사이에 있는 (주로 정치적이지만) 또 다른 대결의 시대를 바라보고 있다. 이 시대에 우리는 무슬림의 반론들이 늘어가고 있음을 목격하는데, 처음에는 기독교나 힌두교, 유대교 같은 종교에 반대하는 민족운동과 연관되어 있었다…[108]

이것은 인도의 경우에 있어서 완전한 사실이다. 19세기에 무갈(Mughal) 정권의 옛 상징이었던 아그라는 인도 무슬림들의 학습과 문화의 중심지 중 하나로 발전했다. 영국정부는 아그라를 북서부 지방의 행정 중심지로 변환시켰다. 게다가 영국정부는 외국 선교기관들이 그 나라로 들어오도록 허용해주었다. 특별히 아그라에 있는 대부분의 선교사들은 영국인이었는데, 그들은 1837년의 대기근 이후에 대규모의 고아원을 설립했다. 몇몇 어린아이들이 기독교 세례를 받았고 기독교 선교의 커져가는 영향력은 널리 인식되었다. 또한 무슬림 신조에 반하는 몇몇 논쟁적인 기독교 서적들이 아그라에서 발간되었다.[109] 이런 모

108) Jacques Waardenburg, "World Religions as seen in the Light of Islam" in Welch Alford T.; Cachia, Pierre(ed.), *Islam: Past Influence and Present Challenge*, (Edinburgh, 1979), p. 248.

109) Ann Avril Powell, "Maulânâ Rahmat Allâh Kairânawî and Muslim-Christian Controversy in India in the Mid-19th Century", *Journal of the Royal Asiatic Society*, 20(1976), pp. 42-63.

든 사실들은 무슬림 주민들로 하여금 서구인들과 선교사들의 현존이 영국 식민정책의 도구인 것처럼 극단적으로 의식하도록 만들었다.

그렇게 하여 19세기 중반의 아그라에는 기독교인과 무슬림의 긴장이 최고조에 달해 있었다. 무슬림 울라마(ᶜulamâ' : 이슬람의 학문과 실천에 정통한 신학자, 법학자, 교수 등의 지식층: 역주)들은 유럽 기독교 선교사들의 존재가 위협이 되고 있음과, 1840년대와 1850년대에 그들의 종교와 문화의 가치가 쇠퇴함으로 인한 심각한 위기감을 느꼈다. 각각의 무리들이 19세기 중반의 그 아그라에 모였고, 다양한 경향들이 이 역사적 전환점에서 교차했던 것이다. 여기에는 첫째, 인도 식민정권의 대표자들로, 대영제국 국민이 된 사람들이며 영국 선교사들의 보호자들의 무리. 둘째, 독일 경건주의자들과 개신교 선교사 판데르, 그리고 그의 동료들과 적어도 약간 명의 개종자들의 무리. 셋째, 영국 국교회의 대표자들로서 그 논쟁에 대항하거나 전적으로 지지하지도 않은 무리가 그들이었다. 토마스 발피 프렌치(Thomas Valpy French, 1825-1891)를 거명해야 하는데, 그는 후에 라호르(Lahore)의 첫 성공회 주교가 되었다. 그는 열린 만남이나 개종의 유익, 또는 그 필요성에 대해 지나치게 확신하지는 않았지만, 무슬림 신학자들에게 도전을 받고서 성경의 완전성을 변호하기로 결심했다.[110] 넷째, 가톨릭 선교사들의 무리로, 그들은 개신교 선교사들의 사역을 명백하게 싫어했고, 실질적으로 무슬림들을 지원하여 그들이 개신교 선교사들을 논박하도록 도왔다. 다섯째는 시아파와 순니파를 포함하는 무슬림 청중들로, 시아파 신학자인 알 카이라나위는 1851년 이후 한 영국병원에서 일해 온 의사인 무함마드 와지

110) Stephen Neill, *A History of Christianity in India 1707-1858*, (Cambridge, 1985), p. 344.

르 칸(Muhammad Wazîr Khân)의 도움을 받아 기독교 선교에 대항하여 무슬림 신조를 변호하려고 준비했다. 칸은 의학 훈련 중의 얼마 동안을 영국에서 보냈는데, 그는 거기서 기독교가 잘못되었음을 증명하기 위한 자료들을 수집했다.

관련된 개개인의 중요성

1) 칼 고틀리브 판데르(Karl Gottlieb Pfander. 1803-1865)

그 논쟁에 연루되었던 독일 선교사 칼 고틀리브 판데르는 그의 사후 수십 년이 지나서도 여전히 "모든 이슬람권 선교사들 중 가장 위대한 선교사"[111] 혹은 "19세기 이슬람권 선교사들 가운데 가장 흥미로운 인물들 중의 한 사람"[112]으로 간주되고 있다.

그럼에도 불구하고 판데르는 바로 최근까지도 서구에 잘 알려지지 않았었다. 하지만 특히 그의 논쟁서인 『미잔 알 하크』(mîzân-haqq. 영문으로 "Balance of Truth"(진리의 저울)라 번역되었다: 역주)는 오늘날도 여전히 무슬림 세계에서 유포되고 있는 논쟁의 주제이다. 이 변증서는 1829년에 이슬람에 대한 반박으로 원래 독일어[113]로 쓰였는데, 독자로 하여금 기독교의 최상의 가치들을 확신하도록 하기 위해 기록했다. 대

111) Church Missionary Society(ed.), *One Hundred years. Being the Short History of the Church Missionary Society*, (London, 1898), p. 78.

112) Julius Richter, *Mission und Evangelisation im Orient*, (Gütersloh, 1908/1930), p. 71에서 번역했다.

113) 최초로 손으로 기록한 본문은 스위스의 Basel Mission Society 본부(Basler Mission)의 기록보관소에서 찾아볼 수 있다.

부분 구약과 신약성경의 완전성을 변호하고 타흐리프(tahrîf)에 관한 무슬림들의 비난을 논박한다. 첫판이 출판된 후 1831년에는 아르메니아어로 번역되었고, 우르두어(1840), 페르시아어(1835), 터키어(1862), 아랍어(1865)[114]를 포함하여 적어도 여섯 개의 무슬림 언어들로 재빨리 번역되었고 막대한 영향력을 끼쳤다. 이 책 mîzân al-haqq는 오늘날에도 여전히 인용되고 있고, 무슬림 변증가들이 논박하고 있기도 하다. 그것은 무슬림 세계에서 논쟁 주제로 남아있다. 판데르 사후 12년이 지난 후 1854년 아그라 논쟁에 참여했던 한 사람은 이렇게 썼다.

> 그는 죽었지만 그가 야기시킨 동요와 운동은 사라지지 않고 있다…[115]

"기독교와 이슬람 간의 조우에 있어 기준이 되는 작품"[116]인 mîzân al-haqq는 여러 세대의 기독교 선교사들에 의해 이슬람을 논박하기 위한 변증적인 도구로 사용되어 왔고, 이런 이유로 현재까지 수차례 재판이 발행되었다. 특별히 20세기에[117] 이 저작에 관한 심각한 비판이 또한 들리고 있음에도 불구하고, 이 책의 마지막 아랍어와 영어 재판이

114) 판데르는 1858-1865년에 터키에서 선교사로 있었는데, 그는 편지에 다음과 같이 썼다. "*Mîzân* 보급은 문제들을 위기로 몰아넣은 것처럼 보였다…" (1862년 9월 16일자로 CMS에 보낸 판데르의 편지. Pfander's letter of 16th Sept 1862 to the CMS, Doc. No. 63a; archives of Heslop Room/University of Birmingham). 오스만 정부는 1864년 판데르와 그의 동역자들에 의해 몇몇 사람들이 기독교로 개종하고 세례를 받았다는 이유로 모든 선교 기관들을 추방하기로 결정했다.

115) Herbert Birks, *The Life and Correspondence of Thomas Valpy French, First Bishop of Lahore*, (London, 1895), vol. 1, p. 70.

116) Transl. from Horst R. Flachsmeier, *Geschichte der evangelischen Weltmission*, (Giessen, 1963), p. 446.

117) 예를 들어, Lyle L. Vander Werff, Christian Mission to Muslims: The Record, Anglican

1986년에 인쇄되어[118] 오늘날까지도 무슬림들 가운데서의 선교활동을 위해 사용되고 있다.

이 책의 저자인 판데르는 영국의 선교단체인 CMS 선교사로 1837년부터 1857년까지 인도에 주재하고 있었는데, 1854년 4월 10일 아그라의 무슬림 신학자는 그에게 성경의 완전성에 대한 기독교 교리를 공개적으로 변호해 주도록 요청했다. 실제로 시장에서 공개적인 설교를 하고 수년 동안 책들을 쓰고 배포함으로써 토론을 시작한 사람은 바로 그였다. 꾸란이 성경에서 기인한다는 중요한 평가를 증명하기 위해 판데르가 꾸란에 있는 진술들의 도움을 받았다는 사실 또한 주목해야 한다. 그는 기독교에 대한 그들의 판단이 상이함을 암시하기 위해 무슬림 주석가들 역시 인용했다.

> …그리스도인들은 꾸란 자체에서 무함마드가 기독교를 존중하고 기독교 신앙과 가르침에 대한 존경을 보여주고 있음을 알리기 위해 애쓰고 있었다.[119]

and Reform Approaches in India and the Near East 1800-1938, (Pasadena, 1977), p. 42; Emmanuel Kellerhals, *Der Islam. Seine Geschichte, seine Lehre, sein Wesen*, (Basel, 1956), p. 334f를 보라.

118) 1986년 영어판의 발행인은 그 책의 서문에 이렇게 쓰고 있다. "토론하는 방법은 아마도 우리 세기의 몇몇 신학자들에게는 의심스러울 수 있을 것이지만, 오늘날까지도 이 책은 무슬림과 그리스도인 사이의 진실한 대화에 있어서 요점을 짚고 있다." C. G. Pfander, D. D., *The Mîzâ-al-Haqq*, Balance of Truth, (Villach, 1986)에 있는 "발행인"의 서문.

119) Harry Gaylord Dorman. Toward Understanding Islam, (Edinburgh, 1948), p. 31.

2) 라흐마툴라 이븐 칼릴 알 우트마니 알 카이라나위(Rahmatullâh Ibn Halîl al-ᶜUtmânîl al-Kairânawî. 1818-1891)

그럼에도 불구하고, 무슬림과 그리스도인 간의 역사적 만남이라는 주제에 있어서 판데르의 상대자는 훨씬 더 흥미롭다.

신학자인 라흐마툴라 이븐 칼릴 알 우트마니 알 카이라나위는 1850년대부터 인도에서 기독교 선교사들이 활동하는 것에 대항하는 전투를 하고 있었고, 1855년에 이미 이슬람을 변호하기 위해 기독교에 반대하는 세 권의 논쟁적인 책들을 썼는데, 아마도 벵골인 내과의사인 무함마드 와지르 칸의 도움을 받았을 것으로 보인다. 알 카이라나위와 와지르 칸은 19세기 기독교 선교에 대항한 인도 무슬림 변호인들 중 가장 뛰어난 인물들에 속한다. 그들은 1850년대 초반에 그들의 변증적인 저작과 관련하여 서로 만나게 되었다. 1854년에 그 두 사람은 공개적인 아그라 논쟁에 참여했는데, 알 카이라나위는 도전자와 토론의 지도자로서, 와지르 칸은 우르두어(Urdu)와 영어를 말하는 참가자들 사이의 통역자로 활동했다.

3) 기독교를 보는 19세기 무슬림의 관점에 대한 알 카이라나위의 영향

알 카이라나위의 영향은 아그라에서 있었던 이 단 하나의 사건에 한정되지 않는다. 이것은 단지 그가 미래에 가져올 영향력의 서곡에 불과했는데, 그것은 그의 저작들로 말미암았다. '무슬림 변증학'하면 틀림없이 알 카이라나위가 떠오르게 된다. 이것 때문에 그의 유명한 책인 『이즈하르 알 하크』(izhâr al-haqq. "The Demonstration of the Truth"〈진리의 논증〉로 번역되었다:역주)가 나왔는데, 그는 판테르의 mîzân al-haqq에 대한 답변으로 이 책을 썼다.

오스만제국의 통치자(sultan)인 압둘아지즈 I세(Abdülaziz I, 1861-1876)[120]의 요청에 의해 1867년 아랍어로 쓰인 이 책은 터키어(1876/1877), 프랑스어(1880), 영어(대략 1900), 우르두어(1968)로 번역되었는데, 다시 말해서 판데르의 mîzân al-haqq와 거의 같은 언어들로 번역되었다. mîzân al-haqq처럼 izhâr al-haqq는 현재까지도 재판이 인쇄되어 나왔다.

모로코 정부의 이슬람부(Department for Islamic Affairs)의 감독 하에 1964년 새로운 판이 나왔고, 아다브(adab) 문학(관대한 인도주의적 관심을 특징으로 하는 문학 장르: 역주) 교수인 우마르 다수끼(ᶜUmar ad-Dasûqî)가 서문을 덧붙였다. 마지막 아랍어판들은 1978년으로 연대가 추정된다. 그 둘 중에 하나는 작고한 알 아즈하르(al-Azhar)의 사히 압둘 칼림 마흐무드(ŝaih ᶜAbd al-Halîm Mahmûd)의 작품으로 인정된다. 1989년에 영어로 된 요약판이 나와 런던의 타하(Ta-Ha) 출판사에서 출간되었다.

알 카이라나위의 izhâr al-haqq만큼 유명해진 논쟁적인 무슬림 저작들은 단지 몇 권에 불과하다. 사람들은 이렇게들 말한다.

> 가장 위대한 현대 무슬림 논객의 자리는 결코 누구도 대신할 수 없다.[121]

골드치허(Ignaz Goldziher)는 그가 1877년 다마스커스를 방문하는 동안

---

120) Ahmad Hijâzî as-Saqqâ(ed.), *Rahmat Allâh al-Hindî, izhâr al-haqq*, (al-Qâhire, 1978), pp. 29-30. 알 카이라나위는 1857년 영국에 대항하는 반란에 참여했다고 영국정부가 의심을 하여 망명을 해야 했다. 알 카이라나위는 메카(Mecca)로 도망을 갔고, 오스만제국의 술탄이 1860년대 초 메카를 순례(hajj)할 때 1854년 인도에서 일어난 사건에 대해서 듣게 되었다. 알 카이라나위는 1891년에 그가 죽을 때까지 메카에 머물러야 했다.

121) Dorman, *Islam*, p. 44.

모든 사람들이 izhâral-haqq에 대해 이야기하고 있었다고 보고했다.[122] 틀림없이 그 책은 과거에 무슬림 논객들을 위한 해답 역할을 했지만, 요즘도 여전히 무슬림 변증 저작들 가운데 '상위 10위' 안에 든다. 조지 C. 아나와티(Georges C. Anawati)는 izhâr al-haqq의 중요성에 관해서 1969년에 다음과 같이 썼다.

> 이것은 19세기 말부터 오늘날까지 무슬림 변증가들을 위한 좋은 무기로써 공헌을 했고, 또한 계속 공헌하고 있는 기본이 되는 걸작이다.[123]

그리고 1981년에는 다시 이렇게 썼다.

> 오늘날 까지도 이 책은 기독교에 거의 닫혀있는 무슬림 전통주의자에게 논쟁을 불러 일으켜 주는 아주 훌륭한 책으로 남아있다.[124]

izhâr al-haqq에 관해서는 1968년에 다음과 같이 진술했다.

---

122) 골드치허는 이렇게 적었다. "내가 움마야드 칼리프(Khalif)의 도성에 머무는 동안, 기독교 신학으로 포격을 가함으로 이슬람의 보루를 흔들고자 했던 기독교 선교사역과 논쟁적 저술인 영국의 복음 설교가가 쓴 mîzân al-haqq에 대항하여, 인도인 무슬림 아에히 라흐마툴라(eih R̂ahmat Allâh)가 쓴 변증서인 아랍어판 *izhâr al-haqq*는 그 책을 읽은 대중들 사이에서 엄청난 인기를 끌고 있었다." Goldziher, Ignaz. "Ueber muhammedanische Polemik gegen Ahl al-kitâb", Zeitschrift der Deutschen Morgenländischen Gesellschaft, 32(1878), pp. 343-344.

123) G. C. Anawati, <<Polémique, Apologie et Dialogue Kslamo-Chrétiens, Positions Classiques Médiévales et Positions Contemporaines.>> *Euntes Docete* 22(1969), p. 420.

124) G. C. Anawati, <<Les grands courants de la pensée religieuse musulmane dans l Égypte comtemporaine>>, in Anawati, G. C.; Borrmans, Maurice. *Tendences et courants dans l'Islam arabe contemporain*, vol. 1: Égypte et Afrique du Nord, Entwicklung und Frieden, Wissenschaftliche Reihe. Vol. 26, (München, 1982), p. 58.

> 우르두어 판의 편집자는 이슬람과 기독교와 관련된 주제에 관해 지난 100년 동안에 쓰여진 저작들 중 그 어떤 것도, 19세기 전반기 북인도의 울라마(ᶜulamâ')들이 직면했던 극도의 긴장상황 속에서 마울라나 라흐마툴라 카이라나위(Maulânâ Rahmat Allâh Kairânawî)의 마음에서 생겨난 그 책들을 대체할 수 있는 것은 없다고 강하게 주장했다.[125)]

izhâr al-haqq의 인기는 또한 이 책이 유일하게 아주 조심스러운 시아파적 색채를 띠고 있기 때문이다. 1867년 이후에 나온 다른 판들에서 보이는 바와 같이, 그 이유는 어떤 개정판이기 때문이 아니라 오히려 알 카이라나위 자신의 고유 색채 때문으로, 그는 하디스(hadît)를 다루면서 단 한번 자신의 시아파 배경을 암시했을 뿐이다. 그렇기 때문에 알 아즈하르(al-Azhar) 같은 '정통파' 집단에서도 그 책이 무슬림 변증학의 표준 저작이 될 수 있었다.

izhâr al-haqq의 영향력을 인식하기 위해, 순니파의 19세기 '개혁파(reform-wing)' 신학자인 라시드 리다(Raŝîd Ridâ)가 기독교의 주제를 다룰 때 알 카이라나위의 izhâr al-haqq를 광범위하게 사용했다는 사실을 주목해 볼 수 있다. 무함마드의 사명에 대한 질문에 대하여, 그는 유명한 압두/리다(ᶜAbduh/Ridâ) 꾸란 주석인 『타프시르 알 꾸란 알 하킴』(tafsîr al-qur'ân al-hakîm)에 izhâr al-haqq에서 약 60페이지를 인용했다.[126)] izhâr al-haqq를 사용한 또 다른 무슬림 논객인 무함마드 무함마드 아부 자흐라(Muhammad Muhammad Abû Zahra)를 언급해야만 한

125) Powell, <<Maulânâ Rahmat All Kairânawî.>> p. 63.
126) Muhammad Rasîd Ridâ (ed.), *tafsîr al-qur'ân al-hakîm*, vol. 9, al-Qâhira 1347/19281, >> 1928. pp. 231-293.

다.[127] 그는 '기독교에 대한 강연'(muhâ darâ t fî n-nasrânîya)에서, 기독교 신조에 관하여 알 카이라나위의 주석서들을 사용했다.[128]

izhâr al-haqq가 영향력이 있는 이유들

알 카이라나위의 izhâr al-haqq가 막대한 영향력을 행사하는 이유는 바로 이슬람이 유일하게 진실한 종교라는 것을 증명하기 위해 사용한 발전적인 새로운 방법론에서 찾아볼 수 있다. 알 카이라나위는 이슬람 변호를 단순한 기독교 신조의 평가절하나 이슬람을 찬양하는 것으로 제한하지 않았다는 것은 아주 분명하다. 알 카이라나위는 특별히 19세기에 발생한 유럽 신학의 새로운 동향을 이용하였다. 유럽 신학은 기독교 성경의 완전성에 관한 이전의 보수적인 입장으로부터 특별히 19세기 이래로 역사와 본문에 관한 질문의 진정성에 관해 훨씬 더 비판적인 입장으로 급격한 변화를 겪었다. 비평적이고 자유주의적인 입장은 대학과 교회들 안으로 그 길을 모색했다. 이러한 전개과정 속에서 독일은 모든 서방 기독교의 선구자였다. 수많은 자유신학적인 저작들이 등장했고, 무슬림 세계로 오히려 더 빨리 그 길을 모색해 들어갔다.

표면상 알 카이라나위는 기독교와 싸우기 위해 이 책들과 성경 주석서들을 무기로 사용한 무슬림 세계의 첫 번째 변증가였다. 그는 19세기

127) 이것은 izhâr al-haqq의 가장 최신판들 중 하나의 편집자에 의해 언급되었다. Ahmad Hijâzî as-Saqqâ(ed.), *Rahmat Allâh al-Hindî*, izhâr al-haqq, al-Qâhira 1978, p. 33.
128) 아부 자흐라(Abû Zahra)가 그의 *muhâdarât fî n-nasrâniya*, (al-Qâhira, 1966)3, 〉〉1966). p. 32에서 인용한 알 카이라나위의 인용들.

유럽신학의 자유주의와 역사비평의 영향을 받은 유명한 유럽 신학자들의 여러 작품들을 처음으로 사용했다. 아그라 논쟁 동안, 알 카이라나위는 성경이 신뢰할 수 없는 것이라는 증거를 기독교 신학이 이미 제시했다는 사실을 보여주기 위해 보수적인 선교사들에게 이러한 자유주의 신학자들의 예들을 인용하였다.

무슬림 변증학에 영향을 준 유럽 신학과 철학

이것은 무슬림 세계가 이슬람을 지지하는 유럽 신학이나 철학의 열매를 빌려온 유일한 사례가 아니다. 19세기 이전 유럽 신학에는 합리주의라고 불린 운동이 있어왔다. 독일 합리주의의 대표자들, 예를 들면, 칼 프리드리히 바흐르트(Karl Friedrich Bahrdt. 1741-1792)나 그 유명한 하인리히 에버하르트 고틀로브 파울루스(Heinrich Everhard Gottlob Paulus. 1761-1851)는 예수 그리스도가 십자가에 달린 사실은 주장했지만 그가 십자가에서 실제로 죽었다는 사실은 무시했는데, 이는 오늘날 '외부적(outside)' 인 입장이다. 바흐르트는 19세기 말에 다음과 같이 썼다.

> 이는 예수의 역사에 있어서의 마지막 부분에 대한 나의 견해이다. 예수는 죽음을 맞았다. 그는 악인이 받는 모든 고문들을 다 겪었고, 죽음의 고통을 견뎠지만 그는 죽음을 이겨냈다. (그는 죽음에서 살아났다.) 그는 무덤 바깥으로 나왔다 … 죽음에 놓인 지 사흘 만에 … 그는 죽음에서 살아난 특별한 사람으로서 그의 제자들에게 자신을 보여주었다.[129]

예수가 십자가에서 살아난 후 인도에서 자연사했다는 아흐마디야(Ahmadîya)의 입장이 이슬람 자체에서 유래한 것이 아니라 합리주의처럼 유럽에서 발전된 주장에 의해 촉진되었다는 사실은, 있을 법하지는 않지만 가능한 일이다. 무슬림 변증가들은 "유럽 신학자들과 과학자들이 예수 그리스도가 십자가에서 살아남았다고 증명해준다"고 주장했다.

기독교 대학에 있는 몇몇 신학자들은 심지어 신학적 자유주의의 절정이라 할 만큼 너무 멀리 가버렸는데, 역사적으로 말하자면 그것은 계몽주의와 연관되어 있는 것으로, 예수를 역사상의 인물로서 경시했고 적어도 그의 신성이나 삼위일체의 일부가 되는 것을 무시했다. 무슬림 변증가들은 꾸란 4장 157-158절에 나오는 바와 같이, 예수는 결코 십자가에서 죽은 것이 아니며, 심지어 그가 십자가에 못 박혔는지 조차도 의심스럽다는 그들의 오랜 주장에 대한 증거로서 이 신학들을 사용해왔다.

바나바 복음서는 무슬림 변증학을 확증해준다

예수 그리스도의 죽음과 부활에 관해서나, 혹은 네 권의 정경 복음서의 신빙성에 관한 유럽 신학자들과 철학자들의 의문들 또한, 무슬림 변증가들이 주로 20세기에 수많은 책들과 소책자들을 통해 바나바 복음서가 예수 그리스도의 유일하고 진정한 복음서임을 옹호하는 데에도 핵심적인 역할을 했다. 무슬림들은 주로 18, 19세기의 보수적인 신학을

129) Karl Friedrich Bahrdt, Ausf rungen des Plans und Zweks(sic) Jesu, (Berlin, 1784-1793), vol. 10, p. 187에서 번역했다.

한 유럽 비평가들이 제기한 바나바 복음서의 가치에 대한 긍정적인 진술들을 수용한 반면, 동시에 기독교 선교사들은 이 복음서의 연대를 A.D. 1세기로 거슬러 올라가 추정하는 것이 불가능하다는 것을 증명하려고 애썼다. 바나바 복음서는 예수 그리스도가 십자가에서 죽지 않았다고 증명한다. 유다가 예수처럼 모양이 변형되어 십자가에 못 박혔지만, 모든 사람들은 그가 예수였다고 생각했다. 그래서 꾸란은 재차 예수의 십자가 사건에 대해 확실하게 단언했다는 것이다.

꾸란은 '객관적'이고 '과학적인' 결과에 의해 확증된다고 한다. 무슬림 변증가들은 바나바 복음서에 있는 무함마드에 관한 예고에 대해 긍정적으로 언급했던 유명한 영국의 이신론자 죤 톨랜드(John Toland. 1670-1722)와 같은 유럽 신학자들이나 철학자들을 거명한다. 한편으로 무슬림 변증가들은 1세기로 거슬러 올라가 바나바 복음서를 추적하여 그 가치를 받아들이고, 동시에 성경의 완전성과 구약과 신약성경의 영감성에 대해 의심하고 비판하는 유럽의 저자들에 집중한다.[130)]

바나바 복음서를 무슬림 세계로 '가져온' 사람은 바로 알 카이라나위였다고 말할 수 있는데, 그는 1854년 그의 우르드어 저작인 『이재지 이

130) 예를 들어, John Toland, *Christianity Not Mysterious*, (London, 1696)는 성경에 기술된 이적들을 합리주의적으로 이해한다. 동시에 그는 그의 작품인 Nazarenus에서 바나바 복음서에 A.D. 1세기로 거슬러 올라가도록 하는 엄청난 개연성을 부여해준다. John Toland, *Nazarenus or Jewish, Gentile and Mahometan Christianity*, (London, 1718). 그는 중세시대의 배교자들에 대해 계획적인 날조가 있었던 것처럼, 기독교계로부터 받는 일상적인 비난에 대해 바나바 복음서를 변호했다. "그것을 본래 이슬람교도들의 발명품으로 보는 저들의 무지는 … 얼마나 큰가" J. Toland, *Nazarenus*, p. 17. 또는 "이런 신중한 조사 후에 나는 이 복음서가 바나바의 고대의 복음서일지도 모른다는 사실을 안심하고 말할 수 있었다…" J. Toland, *Tetradymus*, (London ,1720), p. 148.

싸위』(iᶜjâz-i ᶜÎsâwî)[128]에서 바나바 복음서를 처음 언급했고, 그 뒤의 izhâr al-haqq에서, 그리고 1867년 이후 계속해서 예언자 무함마드가 올 것을 예언하고 있는 오래된 기독교 복음서로서 그것을 언급했다. 심지어 19세기 중반까지도 바나바 복음서는 전체가 출간되지도 않았었다.

알 카이라나위가 계시의 시작부터 예언되었던 무함마드를 기독교인들이 거부하는 것에 대한 무기로써 바나바 복음서를 사용했을 때에는 고작 약간의 단편들만 서구 세계에 알려져 있었을 뿐이었다. 무함마드 라시드 리다(Muhammad Raŝîd Ridâ)는 바나바 복음서를 예수 시대로부터 유일하게 살아남은 확실한 복음서라 변호했고, 1908년에 『알 인질 아싸히흐』(al-injîl as-sahîh. 진정한 복음서:역주)라는 제목으로 이 복음서의 첫 아랍어판을 출판했는데, 그가 알 카이라나위의 저작을 통해 이 복음서에 이끌렸다는 사실은 상당히 개연성이 있다.

1908년 이후 몇몇 번역본들이 이 "유일하고 진실한 예수 그리스도의 복음서"를 장려하기 위해 등장했다(우르두어판 1916, 영어판 1916, 페르시아어판 1927, 인도네시아어판 1969, 네덜란드어판 1990).

무슬림 변증학의 변화는 유럽 신학의 발전 때문이다

19세기에 비평학의 새로운 물결이 유럽에 나타나서 빠른 속도로 무슬림 세계에 길을 열고 들어갔다. 유럽의 대학들에서는 구약과 신약성경에 기록된 모든 이적들에 의문을 제기하였다. 역사적 사건들도 의심

131) Rahmatullâh Ibn Halîl al-ᶜUtmânî al-Kairânawî, *iᶜjâz-i ᶜÎsâwî*, (Agra, 1853/Delhi 1876).

을 받았다. 기독교의 형성, 삼위일체, 예수 그리스도의 신성, 그의 십자가 사건과 부활은 그 근본부터 논의되어졌다. 유럽 신학의 이 모든 의심들과 비평적 관찰은 무슬림 세계로 길을 모색해나갔고, 기독교 성경이 변질되었다는 전통적인 무슬림 견해에 관한 증거로써 열광적으로 받아들여졌다. 구약과 신약성경의 진정성에 대한 이러한 논쟁방식은 특별히 알 카이라나위 이후 논쟁의 형태로 특징지어졌다.

아그라 논쟁 동안에 이 논쟁 방식이 처음 사용되었다. 알 카이라나위는 1854년 새로운 유럽의 비평적 연구결과들을 가지고 신학적으로 보수적인 선교사 판데르와 그의 친구들을 만났다. 1825년에 선교사가 되어 이미 유럽을 떠났던 판데르는 19세기에 유럽 신학에서 일어난 그 중요한 발전을 목격하지 못하고 있었다. 더군다나 판데르가 1821년부터 1825년까지 교육을 받았던 보수적인 Basel Mission Society(Basler Missionsgesellschaft)는 학생들로 하여금 바젤에 있는 그 신학교에 방문하도록 허용했지만, 지원자들에 대한 그 영향력은 제한해왔다.[132] 데이비드 프리드리히 스트라우스(David Friedrich Strauss)의 세계적으로 유명한 책인 Das Leben Jesu(예수의 생애)는 1835년에는 아직 출간되지 않았었는데, 그때 판데르는 이미 해외에서 10년을 지낸 상태였다. 1854년에 아그라 논쟁이 일어났을 때, 판데르는 그의 무슬림 반대자들이 분주하게 유럽의 신학 저작들을 공부하고 있다는 것에 이미 의구심을 가

132) Basel Mission Seminary의 교사들은 19세기의 가장 유명한 신학자들 중의 한 사람이며 성서비평의 대표격인 드 베테(Wilhelm Martin Lebrecht de Wette, 1780-1849)가 바젤 대학에서의 한 강의에 대해 다음과 같이 생각했다. "방문한 학생들에게 드 베테의 역사비평에 관한 소개를 듣게 하는 것을 마음내켜하지 않는 분위기가 있었다. 전체적으로 그들은 그 학생들이 그 시간 동안 얻는 것이 투자한 수고에 필적하지 않을 것 같아 두려워했다." Paul Eppler. *Geschichte der Basler Mission 1815-1899*. Basel 1900, pp. 16-17.

지고 있었지만, 그는 이 연구들이 미치는 광범위한 영향을 과소평가 했거나, 아니면 이 새로운 발전에 관한 충분한 지식을 가지고 있지 않았었다. 판데르는 무슬림 반대자들에 관해 다음과 같이 적었다.

> 델리(Delhi)에 사는 그들의 몇몇 친구들이 지난 2, 3년 동안 성경을 연구하고, 우리들이 발간한 논의의 주제들을 다루는 책들을 읽고, 우리의 주석서들과 비평적인 작가들을 찾으면서 아주 열심이었는데 … 그것은 단지 성경을 반박하기 위한 자료를 얻기 위해서였다.[133)]

아그라 논쟁이 진행되는 동안, 알 카이라나위와 무함마드 와지르 칸은 성경본문의 변질에 대한 이론과, 다른 성경본문들 사이의 모순에 대한 유럽의 최신 이론들에 대한 가장 새로운 비평적 논평들을 제시했다. 외관상으로 알 카이라나위는 무함마드 와지르 칸에게서 대부분의 자료들을 물려받았는데, 칸은 의학훈련의 일부를 영국에서 받으면서 거기서 유럽의 신학적 비평 저작들을 접하게 되었다. 게다가 알 카이라나위는 인도의 가톨릭 선교사들로부터 최신 유럽의 저작들을 제공받았는데, 그들은 개신교 동료들의 사역을 매우 싫어했다.[134)]

아그라에서와 그 후 계속된 기독교에 반대하는 몇몇 논쟁적인 저작들 가운데서, 무슬림 신학자인 알 카이라나위가 처음으로 유럽으로부터 온 최신의 과학적 연구를 제공했다. 판데르는 이 새로운 유형의 공

133) 1854년 아그라 논쟁에 참석했던 토마스 프렌치(Thomas Valpy French)에게 보낸, 날짜를 알 수 없는 편지: Birks, Life, vol. 1, p. 71.

134) Eugene Stock. *The History of the Church Missionary Society, Its Environment, Its Men and Its Work*, 3 vols; London 1899-1916; vol. 2, p. 171.

격에 대하여 무기력했는데, 그의 책들은 무슬림들이 제기하는 기독교에 대한 전통적인 비난에 대한 응답이었지 무슬림 측에서 제시한 고등비평이나 저등비평의 결과물에 대한 것이 아니었기 때문이었다.

유럽은 근동지방이 받게 될 그 신학적 발전의 영향에 대해서는 최소한의 개념도 갖고 있지 않았다. 무슬림 국가들에 대한 개신교 선교는 겨우 19세기부터 시작된 것으로[135] 비교적 새로운 것이었는데, 이처럼 기독교 선교의 새로운 분야가 무슬림 국가들로 확장되었는데, 예를 들어, 헨리 마틴(Henry Martyn)이나 바돌로매우스 지켄발크(Bartholom âus Ziegenbalg)가 시도한 것과 같이 이전 세기들에서 단독으로 시도되었던 것과는 달랐다. 그 논쟁 후에 판데르는 바젤에서 이 이론들을 반박하는 유럽의 저자들을 찾고자 했는데, 이런 신학자들의 입장은 유럽 신학이라는 프리즘의 단지 한 부분일 뿐이라는 사실을 무슬림 논객들에게 보여주기 위함이었다는 사실이 여기에 덧붙여질 수 있겠다.[136]

아그라 논쟁과는 별개로, 우리는 알 카이라나위가 유럽인의 목소리로 성경의 변질을 증명하는 이 방법을 발전시켰음을 목격할 수 있다. izhâr al-haqq에서 알 카이라나위는 유럽의 원천으로부터 획득할 수 있는 모든 증거들을 끌어냈다. 그는 교황과 영국의 헨리 8세에 대한 루터

135) 19세기는 유럽에서 '선교의 세기(Missionsjahrhundert)'로 불리는데, 교육과 외국으로 선교사들을 파송하기 위해 수많은 개신교 선교 단체들과 신학교들이 설립되었기 때문이다.

136) 그는 바젤에 있는 그가 이전에 다녔던 학교에 보낸 편지에서 그 책들을 요청했다 "… 이 책들을 자랑하고 있는 무슬림들에게 그 '신교설가들'(neologists)"과 범신론자들이 꾸란의 한계를 넘어서 버렸고, 그리하여 위험하고 쓸모없는 짓이 되어버릴 것을 보여주고, 부분적으로는 스트라우스(Strauss)와 그 동료들이 오랫동안 반박을 받아 왔음을 보여주기 위해…" Christoph Friedrich Eppler, *D. Karl Gottlieb Pfander, Ein Zeuge der Wahrheit unter den Bekennerndes Islam*, (Basel, 1888), p. 152.

의 비평적인 태도와, 초기 기독교에 대한 사도 바울의 강력한 영향력에 대한 유럽의 비평적 관찰을 인용했다. 그는 야고보 서신이나 유다 서신이 본래 성경의 정경에 포함되는지 아닌지에 관한 신학자들 사이에 있는 의심에 대해서도 이야기한다.

또한 예수 그리스도의 죽음 이후 약 300년이 지나서 열린 니케아와 같은 최초의 기독교 공의회에서 교리를 만든 것을 비판한다. 더구나 그는 모세의 책들, 여호수아, 사사기 등의 저자에 대한 의문들도 이야기한다. 그는 그리스도의 족보에 있는 '실수와 모순들'을 찾아냈다. 까마귀가 부양한 엘리야 이야기에서의 '불합리함들', 그리고 아이히혼(Eichhorn), 호른(Horne), 헨리(Henry) 그리고 스코트(Scott)의 성경주석서들을 인용한다. 나는 알 카이라나위가 한 권의 성경 본문에서 '탐지해낸'(detect) 수백 개의 모순들을 계속해서 말할 수 있다.[137] izhâr al-haqq는 여섯 권의 두꺼운 책을 통해 기독교에 대한 가능한 모든 비난들에 대한 개요로서 기여했으므로 알 카이라나위 사후에도 일종의 백과사전으로써 사용되었는데, 이는 그가 알-타바리(ᶜAli at-Tabarî), 이븐 하즘(Ibn Hazm), 이븐 타이미야(Ibn Taymiyya)와 같은 이전의 논객들의 자료들을 엄청난 범위까지 확장시켰기 때문이다.

137) 도르만(H. G. Dorman)이 현재까지의 실제 변증 문학에 관해 진술한 것은 옳다. "대부분의 이 자료들을 통해 의심과 분노로 인한 긴장이 일어난다. 단지 몇 권의 책 속에만 친근한 접근이 개방되어 있다. 왜냐하면 대부분의 논객들이 그 선포된 전쟁에서 이기고 적을 타도하기 위해 분투하고 있기 때문이다. 놀랍게도 이전 세기들의 고전적인 논쟁 방법들의 차이는 거의 없다." Dorman, Islam, p. 113.

유럽의 신학은 기독교에 관한 무슬림의 관점을 변화시켰다

여기에서 알 카이라나위가 타흐리프(tahrîf. 성경변질론: 역주)와 전체 기독교에 관한 이전의 무슬림의 견해들을 바꾸었다는 사실은 분명하다. 알 카이라나위에 따르면, 타흐리프는 신구약 성경 본문이 수 세기를 내려오면서 사본을 만드는 과정 중에 몰래 본문 안으로 들어간 단순한 하나의 변질로 더 이상 이해되어서는 안 된다. 이전 시대의 변증가들은 꾸란 자체가 그러는 것처럼 단순히 삼위일체나 예수의 신성과 같은 일정한 성경적 교리를 비판했다. 알 카이라나위는 성경의 변질에 대한 꾸란의 비평의 범위를 훨씬 더 확장시켰다.

지도적인 무슬림 변증가들은 이제 izhâr al-haqq의 본을 따르며 유럽 신학자들의 본문 연구의 '결과물들'을 수용한다. 알 카이라나위는 성경의 본문들이 역사적이고 교리적이고 이야기식의 모든 구절들에 있어서 완전히 왜곡되고 변질되고 믿을 수 없게 되었다는 결론에 이르렀다. 알 카이라나위에게 이것은 더 이상 논쟁할 문제가 아니었는데, 그것은 유럽의 기독 학자들(ʿulamâ') 자체가 성경 본문이 완전히 변질되었다고 인정했기 때문이다. 그래서 알 카이라나위와 그의 추종자들은 꾸란이 이야기하는 것처럼 성경이 변질되었다고 하는 전통적인 무슬림의 견해가 확실하다고 생각한다. 무슬림 변증가들은 이미 수 세기 동안 이것을 알고 있었지만 이제 유럽 신학자들이 역사학과 지질학과 고고학에서의 과학적인 연구를 통해 그것을 확인해 준 것이었다.

유럽신학을 이렇게 사용하는 것의 효과는 다음과 같이 요약할 수 있다. 요컨대, 서구가 떠맡아왔던 수많은 본문 석의와 여러 가지 과학에 관한 엄밀한 연구 결과물들을 오늘날 기독교에 반대하는 무슬림 변증 저술들에서 발견할 수 있다. 기독교에서의 타흐리프 교리에 대한 이러한 변형과, 무슬림적 진술을 위한 증거로서 공헌한 유럽 신학에 대한 인식과 함께, 기독교에 관한 모든 무슬림의 견해가 바뀌었다. 이전 시대에는 단지 몇몇 기독교 교리들만이 반박되었지만, 기독교는 전체적으로 이슬람과 똑같은 메시지를 내포하고 있었다.

하지만 이제는 기독교 전체가 변질되었음이 증명된 것처럼 보인다. 만약 서구의 기독교 과학자들과 신학자들이 이러한 '이교나 희랍 플라톤 철학에서 기인한 공상적인 이야기들과 전설들의 모음'을 신뢰할 수 없다고 결정한다면, 더 이상 이 계시를 찬양하는 것을 지속할 수 없다. 무슬림 변증가들은 기독교의 종교적 권위자들이 그들 자신의 신조에 관해 발견해 낸 것들을 단지 진지하게 받아들일 뿐이다. 이런 엄청난 실수와는 대조적으로 이슬람은 이해와 지성의 종교이다. 이슬람의 교리는 명백하고 이해할 수 있고 합리적이다.

더구나 알 카이라나위와 판데르의 논쟁을 뒤잇는 무슬림의 논쟁적인 저술들은 항상 이런 근본적인 태도를 추구한다는 것을 목격할 수 있다. 기독교 신학자들 스스로 신구약 성경은 오늘날 우리가 갖고 있는 형태로 하나님에 의해 영감되지 않았고, 그것을 계획적으로 변질시키지는 않았지만 실수들과 오해들, 모순들과 불합리들로 가득 차 있다고 인정한다. 따라서 무슬림 신학자들은 기독교의 성경에 대한 자신들의 해석이 옳았음을 확인한 것이다.

우리는 오늘날 무슬림 변증서들을 접할 때 이런 형태의 논쟁을 목격할 수 있다. 무함마드 라시드 리다는 그의 꾸란 주석서(tafsîr)에서 유럽의 신학적 연구의 결과물들을 사용했다. 그에게 사도 바울은 특별히 기독교에 이교를 소개한 죄가 있는 사람이다. A.D. 325년의 니케아 공의회 때에 이르러서야 삼위일체와 예수의 십자가를 통한 구속 교리가 확립되었다.

이러한 발전과 함께 유일신론(tauhîd)은 용서받지 못할 죄(shirk)로 대체되었다.[138] 아부 자흐라(Ab Zahra)의 muhâdarât fî-nasrânîya에서도 동일한 경향을 발견할 수 있다. 예수 그리스도 자신은 일신론을 설교했지만, 이 교리가 혼합주의, 신 플라톤과 희랍철학, 로마의 이교주의 영향으로 변질되었다.[139] 아흐마드 샬라비(Ahmad Shalaby)는 기독교가 이교와 사도바울의 신념의 혼합[140]이라고 여기고 사복음서에 기술된 예수의 이적들을 믿을 수 없는 것으로 간주했다.[141]

엘우드 M. 웨리(Elwood M. Wherry)는, 물론 그의 개인적인 견해로, 20세기의 시작에 관해 이렇게 말한다.

> 무슬림들은 자기 자신의 저술들을 포기하고 반대 공격을 대비하도록 노력해야 했는데, 거기서 그들은 기독교 성경의 권위를 무너뜨리기 위한 노력 가운데서 유럽의 불신앙이 이미 갖추어 놓은 논거들을 사용하지 않고자 양심의 가책을 느꼈다. 이런 특질은 그 이후 무슬림의 논쟁 방식을 특징지어왔다.[142]

---

138) Muhammad Rasîd Ridâ, *al-manâr* 10 (1325-1326), p. 386.
139) Muhammad Muhammad Abû Zahra, *muhâdarât*, p. 11.
140) Ahmad Shalaby, *muqâranat al-adyân* , Vol. 2: *al-masîhîya*, (Cairo, 1965). p. 64. .
141) ibid., p. 62
139) Elwood M. Wherry, *The Mohammedan Controversy*, (London, 1905), p. 2.

요약

1. 19세기 이슬람과 기독교간의 논쟁은 이슬람 학문의 전통적인 중심부에서 아주 먼 곳에서 일어났다. 아마 1854년 아그라에서 처음으로, 무슬림 신학자들은 유럽의 비평적인 저술들을 기독교 선교사들을 반대하는 증거물로 사용했다.
2. 19세기는 무슬림 변증학에 전환점을 표시한다. 무슬림들은 기독교가 '거짓 종교'라는 것을 증명하기 위한 완전히 새로운 방법들을 발전시켰는데, 주로 기독교 신학 저술들(예를 들어, 성경 주석들)인 유럽의 자료들의 도움을 받았다.
3. izhâr al-haqq가 출간된 후, 타흐리프에 대한 전통적인 비난을 증명하기 위하여 이런 논쟁 방법은 리다와 자흐라와 같은 무슬림 변증가들 사이에서 일반화되었다.
4. 타흐리프는 19세기 기독교-무슬림 변증학의 중심이다(기독론이나 구원론은 20세기 변증학의 중심이다).
5. 이것은 19세기의 기독교에 대한 무슬림들의 새로운 관점으로 인도한다. 더 이상 기독교 교리들은 단편으로가 아니라 오히려 총체적으로 왜곡되었다는 관점이다.

학습 질문

• 역사적인 경험의 견지에서, 당신은 오늘날 기독교인들과 무슬림들 사이의 논쟁에 대한 필요성과 적절성을 어떻게 평가하겠는가?

본서의 학습을 마치면서

사도신경을 펼쳐서 그곳에 무슬림이 고백할 수 없는 모든 것을 모두 하나하나 지워보자. 단어들을 지울 때 그 내용에 대해 관대하라. 지운 후에는 무엇이 남았는가? 이 책을 읽으면서 당신은 무슬림과 기독교인이 기본적으로 똑같은 것을 믿는다는 통속적인 가설에 대해 어떻게 응답하겠는가?

학습 질문 복습

독자 여러분은 이 책을 공부한 후에 기독교 교의에 대한 이슬람의 관점을 바라보는 스스로의 의견을 형성할 수 있어야 할 것이다. 이 학습 질문에 스스로 잘 대답할 준비가 되었는지 다시 한 번 점검해 보자. 자신의 대답을 꾸란과 성경에서 인용하면서 차근차근 설명해 보기를 바란다.

1. 이슬람에서 모든 것을 돌아가게 하는 중심축(meta-centre)은 무엇인가? 그리고 그 주을 움직이게 하는 요소는 무엇인가? 기독교 신앙의 경우는 어떠한가?

2. 무슬림이 믿어야 하는 핵심적인 믿음조항들은 무엇이며 기독교의 핵심적인 믿음조항들은 무엇인가?

3. 성경과 꾸란의 가르침 사이에 있는 유사점들과 차이점들의 특성을 묘사해 보자.

4. 꾸란에서 알라의 이미지의 특징들은 무엇인가? 이것이 하나님에 관한 성경의 진술과 어떤 연관성이 있는가?

---

5. 인간과 알라와의 관계에서 꾸란은 인간에 대해 무엇을 가르치는가? 그 결말들은 어떠한가?

---

6. 꾸란과 성경에 있는 죄에 대한 이해는 구원에 대한 각각의 관점에 어떤 영향을 미치는 가?

---

7. 꾸란과 성경에 의하면 인간은 왜 뉘우쳐야 하며, 알라 혹은 하나님은 어떤 기반들 위에서 행동하시는가?

---

8. 이슬람과 기독교에서 각각 확고한 사실이라고 여겨지는 믿음이 실재와는 얼마나 멀리 떨어져 있으며, 인간과 알라 혹은 인간과 하나님과의 관계는 얼마나 거리감이 있는가?

---

9. 무슬림이 하는 기도와 기독교인이 하는 기도의 특성을 각각 설명해 보자.

---

10. 무함마드와 관련하여 이슬람에서 아브라함이 중요한 이유는 무엇이며, 기독교인에게 아브라함은 어떤 중요성을 갖는가?

11. 꾸란의 이사가 성경의 예수인가? 왜 그렇게 생각하는지 설명해보자.

12. 예수는 예언자 이상인가? 무슬림들은 왜 예수를 하나님의 아들로 인정하지 않는가?

13. 이슬람에서 예수가 십자가에 처형되지 않았다고 주장하는 것이 왜 중요할까? 성경은 십자가형에 대해 무엇을 가르치며, 그 중요성은 무엇인가?

14. 삼위일체에 대해 무슬림의 거부를 조장하는 것이 기독교인에게 있다면 그것은 무엇일까? 이에 응답할 기반들은 무엇인지 설명해 보자.

15. 이슬람과 기독교의 신앙에서 심판과 죽음 너머의 삶에 대한 조망을 특징짓는 것은 무엇인가?

16. 무슬림들과 기독교인들은 각자의 신앙과 공동체를 떠나는 사람을 어떻게 보는가? 그처럼 떠나는 사람들에 대해 어떤 일시적이거나 영원한 형벌이 관련되어 있는가?

17. 역사적인 경험의 견지에서, 당신은 오늘날 기독교인들과 무슬림들 사이의 논쟁에 대한 필요성과 적절성을 어떻게 평가하겠는가?

18. 본서의 학습을 마치면서: 사도신경을 펼쳐서 그곳에 무슬림이 고백할 수 없는 모든 것을 모두 하나하나 지워보자. 단어들을 지울 때 그 내용에 대해 관대하라. 지운 후에는 무엇이 남았는가? 이 책을 읽으면서 당신은 무슬림과 기독교인이 기본적으로 똑같은 것을 믿는다는 통속적인 가설에 대해 어떻게 응답하겠는가?

참고문헌

Anawati, G. C., Polémique, Apologie et Dialogue Islamo-Chrétiens, Positions Classiques Médiévales et Positions Contemporaines, in Euntes Docete (Roma) 22 (1969), pp. 375-452.

______, "Les grands courants de la pensée religieuse musulmane dans l'Égypte comtemporaine," in Anawati, G. C.; Borrmans, Maurice, Tendences et courants dans l'Islam arabe contemporain, vol. 1: Égypte et Afrique du Nord. Entwicklung und Frieden, Wissenschaftliche Reihe, vol. 26, München: Kaiser-Grünewald, 1982.

Bahrdt, Karl Friedrich, Ausführungen des Plans und Zweks Jesu. Vol. 10, Berlin 1784-1793.

Birks, Herbert, The Life and Correspondence of Thomas Valpy French, First Bishop of Lahore. London: John Murray, 1895.

Church Missionary Society (ed.), One Hundred Years, Being the Short History of the Church Missionary Society. London: Church Missionary Society, 1898.

Dodwell, H. H. (ed.), The Cambridge History of India, vol. 6: The Indian Empire 1858-1918, New Delhi: Cambridge University Press, 1932.

Dorman, Harry Gaylord, Toward Understanding Islam. Edinburgh: T. & T. Clark, 1948.

Eppler, Christoph Friedrich, D. Karl Gottlieb Pfander. Ein Zeuge der Wahrheit unter den Bekennern des Islam, Basel: Verlag der Missionsbuchhandlung, 1888.

Eppler, Paul, Geschichte der Basler Mission 1815-1899. Basel: Verlag der Missionsbuchhandlung, 1900.

Flachsmeier, Horst R., Geschichte der evangelischen Weltmission. Giessen: Brunnen-Verlag, 1963.

Gairdner, W. H. T., The Reproach of Islam. London 1909.

Goldziher, Ignaz, "Ueber muhammedanische Polemik gegen Ahl al-kitâb", Zeitschrift der Deutschen Morgenländischen Gesellschaft, 32 (1878), pp. 341-378.

Gupta, Narayani, Delhi between Two Empires 1803-1931. Society, Government and Urban Growth, Delhi: Oxford University Press, 1981.

Kellerhals, Emanuel, Der Islam. Seine Geschichte, seine Lehre, sein Wesen, Basel: Verlag der Basler Missionsbuchhandlung, 1956.

Muhammad Muhammad Abû Zahra, muhâdarât fî-n-nasrânîya. al-Qâhira 1966.

Muhammad Raŝîd Ridâ, al-manâr 10 (1325-1326).

_____(ed.), tafsîr al-qur'ân al-hakîm. Vol. 9, al-Q?hira 1347/1928.

"A Mohammedan Brought to Christ. Being the Autobiography of a Native Clergyman in India" in Evangelisches Missions-Magazin (Basel) 14 (1871), pp. 397-412.

Neill, Stephen, A History of Christianity in India 1707-1858. Cambridge: Cambridge University Press, 1985.

Paul, Rajaiah D., Lights in the World. Life Sketches of Maulvi Safdar Ali and the Rev. Janni Alli (sic), Lucknow: Lucknow Publishing House, 1969.

Pfander, Karl Gottlieb, kitâb mîzân al-haqq. Jerusalem 1865.

Pfander's letter of 16th Sept 1862 to the CMS. Doc. No. 63a; Archives of Heslop Room/University of Birmingham (unpublished documents).

Powell, Ann Avril, "Maulânâ Rahmat Allâh Kairânawî and Muslim-Christian Controversy in India in the Mid-19th Century", Journal of the Royal Asiatic Society 20 (1976), pp. 42-63.

______, Contact and Controversy between Islam and Christianity in Northern India 1833-1857: The Relations between Muslims and Protestant Missionaries in the North-Western Provinces and Oudh (unpubl. Ph.D. thesis). London 1983.

______, Muslims and Missionaries in Pre-Mutiny India. London 1993

"The Publishers", Introduction. in C. G. Pfander, D. D., The Mîzâ n-ul-Haqq, Balance of Truth. Villach: Light of Life, 1986.

Rahmatullâh Ibn Halîl al-cUtmânî al-Kairânawî, icjâz-i cÎsâwî . Agra 1853/Delhi 1876.

______, izhâr al-haqq. Constantinople 1867.

Richter, Julius, Mission und Evangelisation im Orient. Gütersloh: C. Bertelsmann, 1908/1930.

as-Saqqâ, Ahmad Hijâzî (ed.), Rahmat Allâh al-Hindî, izhâr al-haqq. al-Qâhira: Dâr al-Turât al-cArabî li l-Tibâca wa l-Naŝr, 1978.

Schirrmacher, Christine, Mit den Waffen des Gegners. Christlich-Muslimische Kontroversen im 19. und 20. Jahrhundert, dargestellt am Beispiel der Auseinandersetzung um Karl Gottlieb Pfanders 'mîzân al-haqq' und Rahmatullâh ibn Halîl al-cUtmânî al-Kairânawîs 'izhâr al-haqq' und der Diskussion über das Barnabasevangelium. Berlin: Klaus Schwarz Verlag, 1992.

Shalaby, Ahmad, muqâranat al-adyân. Vol. 2: al-masîhîya. Cairo 19652.

Stock, Eugene, The C.M.S. Missions to Mohammedans, The Muslim World 2 (1912), pp. 122-132.

_____, The History of the Church Missionary Society. Its Environment, its Men and its Work. 3 vols, London: Church Missionary Society, 1899-1916.

Toland, John, Christianity Not Mysterious. London 1696.

_____, Nazarenus or Jewish, Gentile and Mahometan Christianity. London 1718.

_____, Tetradymus. London 1720.

Vander Werff, Lyle L., Christian Mission to Muslims: The Record, Anglican and Reform Approaches in India and the Near East 1800-1938. Pasadena: William Carey Library, 1977.

Waardenburg, Jacques, "World Religions as Seen in the Light of Islam", in Welch, Alford T.; Cachia, Pierre (ed.), Islam: Past Influence and Present Challlenge. Edinburgh: Edinburgh University Press, 1979, pp. 245-275.

Wherry, Elwood M., The Mohammedan Controversy. London 1905.

저자의 전기와 저작

저자의 전기(傳記)

크리스틴 쉬르마허 교수는 1962년생으로 아랍어와 페르시아어, 터키어를 수학하고, 1988년에 이슬람학 석사과정(M.A. in Islamic Studies)을 졸업하고, 1991년에는 19세기와 20세기의 무슬림과 기독교인 간의 논쟁에 관하여 이슬람학 철학박사(Ph.D. in Islamic Studies)를 본 대학교(University of Bonn)에서 마쳤다. 쉬르마허는 벨기에 루벤(Leuven)에 소재하는 프로테스탄트대학교(Evangelisch-Theologische Faculteit)의 종교학과 선교학부의 이슬람학 교수이며, 기센(Giessen)에 있는 Free Theological Academy(Freie Theologische Akademie)의 이슬람학 강사이다. 쉬르마허는 독일복음주의연맹(German Evangelical Alliance)의 이슬람 연구소(Institute of Islamic Studies. Institut für Islamfragen)의 디렉터이며, 세계복음주의연맹(WEA)의 이슬람에 관한 공식 언론가요 자문가이다. 쉬르마허는 이슬람과 안전 이슈에 관해 강연하며 정치학에 관련된 교육프로그램에서 섬기고 있으며, 독일정부에 속한 자문단체들의 컨설턴트이다.

쉬르마허 박사는 국제인권협회(Internationale Gesellschaft für Menschenrechte (International Society for Human Rights, IGFM/ISHR, 프랑크푸르트 소재)와 독일-요르단인 협회(Deutsch-Jordanische Gesellschaft (German-Jordanian Society, 베를린 소재)의 회원이며, 베를린에 있는 독일 개신교회(Protestant Church of Germany)의 학문적 문헌 및 자문센터인 '개신교 세계관 센터' (Evangelische Zentralstelle für Weltanschauungsfragen (Protestant Center for World View Questions)의 curatorium 회원이다. 크리스틴은 2007년 10월 기독교 지도자들에게 보내온 "138명의 무슬림 신학자들"

의 공개서한에 응답하는 글을 공식화하면서 최근의 대화 발기에 가담하였고, 2008년 7월 미국 코네티컷(Connecticut) 주의 뉴 헤이븐(New Haven)에 소재하는 예일대학교의 '예일 신앙과 문화 센터'(Yale Center for Faith and Culture)의 "Loving God and Neighbor in Word and Deed: Implications for Muslims and Christians"(말과 행동을 통한 하나님과 이웃사랑 : 무슬림과 기독교인을 위한 함의) 회의에 참가하였다. 쉬르마허 박사는 근동과 중동의 많은 무슬림 세계를 방문하였고, 이슬람을 다루는 국제회의뿐만 아니라 국가 회의에서 강연하였으며, 수많은 논문을 저술하였다. 쉬르마허는 또한 두 권으로 된 표준적인 개론서인 Der Islam (1994/2003) (Islam. 이슬람), *Frauen und die Scharia* (2004/2006) (Women under the Sharia. 샤리아법 아래에 있는 여성)과 *Islam und Christlicher Glaube - ein Vergleich (2006)* (Islam and Christianity Compared. 이슬람과 기독교의 비교)를 포함한 10권의 책을 저술하였다.

저자의 저작(著作)

단행본

Mohammed: Prophet aus der Wüste (with Thomas Schirrmacher). Leben - Werk - Wirkung. Schwengeler: Berneck, 1984, 1986, 1990 (*Biography of Mohammed*)

Mit den Waffen des Gegners. Christlich-Muslimische Kontroversen im 19. und 20. Jahrhundert, dargestellt am Beispiel der Auseinandersetzung um Karl Gottlieb Pfanders 'Mîzân al-haqq' und Rahmatullâh Ibn Halîl al' Utmânî al-Kairâ nawîs 'izhâr alhaqq' und der Diskussion über das Barnabasevangelium. Islamkundliche Untersuchungen 162. Klaus Schwarz Verlag: Berlin, 1992 (Dissertation, Part 1:

Christian missionary and Muslim apologetical literature of 19th and 20th century; Part 2: history of the "Gospel of Barnabas", a forgery of the Middle Ages, serving as a "proof" to argue against Christianity)

Der Islam: Geschichte – Lehre – Unterschiede zum Christentum. 2 vols. Hänssler: Neuhausen, 1994/20032 (*Major work on Islam – history, dogmatics, ethics, Sharia and marital law, fundamentalism, detailed comparison of Islam and Christianity*)

The Islamic View of Major Christian Teachings. RVB: Hamburg, 2001; The WEA Global Issues Series, Vol. 2. VKW: Bonn, 2008; Spanish: La Vision Islamica de Importantes Ensenanzas Cristianas. Funad: Nicaragua, 2002; RVB International: Hamburg, 2003

Herausforderung Islam – Der Islam zwischen Krieg und Frieden. H?nssler: Holzgerlingen, 2002 (*Is Islam the religion of peace? What does Jihad mean?*)

Kleines Lexikon der islamischen Familie. Hänssler: Holzgerlingen, 2002 (*Muslim family law and family values*)

"Lexikon des Islam", S. 428-549 in: Thomas Schirrmacher, Christine Schirrmacher u. a. Harenberg Lexikon der Religionen. Harenberg Verlag: D?sseldorf, 2002 (*Major dictionary on world religions*)

(with Ursula Spuler-Stegemann) Frauen und die Scharia: Die Menschenrechte im Islam. München: Hugendubel, 2004 (*Women under the Sharia – Human rights in Islam*)

Der Islam – Eine Einführung. St. Johannis Druckerei: Lahr, 2005 (*Short Introduction into Islam*)

Islam und Christlicher Glaube – ein Vergleich. Hänssler: Holzgerlingen, 2006 (*Islam and Christianity compared*)

Mord im "Namen der Ehre" zwischen Migration und Tradition. Institut für Rechtspolitik an der Universität Trier: Trier, 2007 (*Study on Honour killings, published by State University of Trier*)

Islamische Menschenrechtserklärungen und ihre Kritiker. Einwände von Muslimen und Nichtmuslimen gegen die Allgültigkeit der Scharia. Institut für Rechtspolitik an der Universität Trier: Trier, 2007 (*Muslim Human Rights Declarations and Sharia, published by State University of Trier*)

Die Scharia – Recht und Gesetz im Islam. Hänssler: Holzgerlingen, 2008 (*Introduction into Sharia law*)

Islam and Politics: Sharia Law – Jihad – Women in Islam. The WEA Global Issues Series, Vol. 4. VKW: Bonn, 2008.

최근 논문 (발췌)

"Rechtsvorstellungen im Islam". S. 339–364 in: Horst Dreier, Eric Hilgendorf (Hg.). Kulturelle Identität als Grund und Grenze des Rechts: Akten der IVR-Tagung vom 28.–30. September 2006 in Würzburg. Nomos: Stuttgart, 2008 (*Development and practical application of Sharia law, published by State University of Würzburg*)

"Heterogen und kontrovers: Die innerislamische Debatte zum Thema Menschenrechte". S. 273–294 in: Hamid Reza Yousefi u. a. (Hg.). Wege zu Menschenrechten. Traugott Bautz: Nordhausen, 2008 (*Islamic Human Rights Declarations and its critics)*

"Women in Islam". Christianity and Society 18 (2008) 1, pp. 18-22

"Muslime in Deutschland: Ergebnisse der Studie - Eine Zusammenfassung". Gesprächskreis Nachrichtendienste in Deutschland e. V. - Mitgliederinformation 001/2208 (11.2.2008), Berlin, 2008 (*Summary of a detailed study about Muslims in Germany by Federal Minister of the Interior*)

"Islam und Säkularisiserung: Dargestellt am Beispiel islamischer Menschenrechtserklärungen". S. 363-406 in: Walter Schweidler (Hg.). Postsäkulare Gesellschaft: Perspektiven interdiszipinärer Forschung. Verlag Karl Alber: München, 2007 (*Is the Secularization of Sharia possible?*)

"Herausforderung Islam". S. 264-278 in: Hans Zehetmaier (Hg.). Politik aus christlicher Verantwortung. Hanns Seidel Stiftung & Verlag für Sozialwissenschaften: Wiesbaden, 2007 (On the current challenge of Islam in Germany)

"Islam und Christentum in Europa: Eine Standortbesti mmung". S. 145-162 in: Lutz Simon, Hans-Joachim Hahn (Hg.). Europa ohne Gott: Auf der Suche nach unserer kulturellen Identität. H?nssler: Holzgerlingen, 2007 (What is Europe's cultural and religious identity?)

"Islam - eine Religion des Friedens?". Islam und christlicher Glaube 7 (2007) 2, S. 5- 13 (*Is Islam the religion of peace?*)

"Der Islam über den Frieden, den Jihad und das Zusamm enleben von Muslimen und Nichtmuslimen". S. 259-276 in: Reinhard Hempelmann, Johannes Kandel (Hg.). Religionen und Gewalt. V&R unipress: Göttingen, 2006

(*Teachings of Islam about jihad and martyrdom*)

"Christen im Urteil von Muslimen: Kritische Positionen aus der Frühzeit des Islam und aus der Sicht heutiger Theologen". S. 12-34 in: Ursula Spuler-Stegemann. Feindbild Christentum im Islam. Bonn: Bundeszentrale für politische Bildung, 2006 (Lizenzausgabe von 2004) (*The Islamic view of Christians since the early days of Islam, published by the Federal government*)

"Der Islam über den Frieden, den Jihad und das Zusa mmenleben von Muslimen und Nichtmuslimen". Lutherische Nachrichten 26 (2006) 1, S. 33-55 (*What is the position of Islam about peaceful coexistence of different religions?*)

"Law and Apostasy in Islam". Christianity and Society 16 (2006) 1, S. 24-27

"Frauen unter der Scharia". Aus Politik und Zeitgeschichte B 48/2004, pp. 10-16 (Beilage zu Das Parlament 22.11.2004) (*Women under Sharia, published by the Federal Parliament*)

세계복음주의연맹

세계복음주의연맹(World Evangelical Alliance. WEA)은 세계에 흩어진 교회 커뮤니티에서 예수의 복음대로 살며 이 복음을 선포하고자 하는 공통의 관심사를 가지고 세계 교회가 연합하도록 함께 일하는 국제 사역이다. WEA는 100개 이상의 국제기관들이 함께 연합한 128개국에 있는 교회들의 네트워크로 4억 2천만 명 이상의 복음주의 기독교인들에게 세계적인 정체성, 발언, 그리고 강연 등을 내도록 복음주의 연맹을 결성하였다. 사회 모든 수준(개인, 가족, 커뮤니티, 문화)에 성결, 정의, 그리고 갱신을 찾으면 하나님이 영화롭게 되고 지구의 국가들이 영원히 변화될 것을 믿는다.

1846년에 10개국에서 온 기독교인들이 런던에 모여서 "교회 역사에 새로운 것, 다른 교회들에 속하는 기독교인 개인들 가운데 연합의 표현을 위한 뚜렷한 조직"이라는 표어로 시작하고자 하는 목적으로 모였다. 이것은 1951년에 완수되었던 그 비전의 시작이었는데 21개국으로부터 온 신자들이 세계복음주의연맹을 정식으로 결성한 것이다. 런던에서 모인 이후로 150년 이상이 경과한 오늘날의 WEA는 128개국에 4억 2천만 명의 복음주의자들을 품고 연합과 활동을 위한 역동적인 세계 조직으로 발전하였다. 그것은 복음주의적 전통 안에서 표현된 역사적인 기독교인의 믿음에 기초한 연합으로, 예수 그리스도를 위해 민족들을 제자화 하는 하나님의 목적을 완수하려는 비전을 가지고 미래를 바라본다.

오늘날 WEA는 지방의 약한 지도력을 지원하고 조정하며 그리스도의 몸체의 연합을 보여주는 실제적인 방도들을 찾는 국가적 연맹들을 통하여 지역교회들을 강하게 하고 있다.

임무

- 선교
- 여성의 관심사
- 청년
- 종교의 자유
- 신학
- 정보 기술

Suite 1153, 13351 Commerce Parkway Richmond, BC. V6V 2X7 Canada
Phone +1 / 604-214-8620 Fax +1 / 604-214-8621

www.worldevangelicals.org

종교의 자유 국제연구소

"종교의 자유 국제연구소"(International Institute for Religious Freedom. IIRF)는 세계적으로 종교의 자유 침해에 관한 신뢰할 만한 자료를 위해 여러 대륙에 있는 교수, 연구원, 학자, 그리고 전문가들로 구성된 네트워크이며, 대학 프로그램들, 특히 법, 사회학, 종교학, 그리고 신학 프로그램들에 이 주제를 추가하는데 관심을 기울이고 있다.

임무

인권 그룹들, 선교회, 그리고 세계복음주의연맹의 종교의 자유 위원회(Religious Liberty Commission. RLC)-이와 더불어 지역적이고 국가적인 연맹들의 여러 활동 중인 RLC들-과 같은 수많은 기관들이 관련된 정보와 기도 요청에 대해 제공하거나 현장에서 돕는 동안, 이 연구소는 장기간 기준으로 일하고 포괄적인 연구들이 실행되고 유용하도록 책임을 맡는 목표를 삼고 있다.

IIRF는 이미 진행되고 있는 프로젝트를 되풀이하기 보다는 새로운 프로젝트를 조직하거나 진행되는 프로젝트에 정보를 더 유용하게 하려 한다. 이 연구소의 영역들은 다음을 포함한다.

- 장기간의, 인용할 수 있는 문서(책, 연보, 정기 간행물, 그리고 법적 서류)의 출판
- 전 세계의 기독교 대학교, 신학대학(원), 그리고 바이블칼리지에서 교수와 학습을 위한 제안
- 법적 정세들의 기본원리 연구(여러 국가들, 역사적 연구, 법정 사건의 증언에서 공식적인 법의 배경 등)
- 신학적 연구(예를 들어 인권 윤리, 핍박의 신학, 핍박의 역사)
- 신학적 훈련으로 그와 같은 주제들 소개(문서, 세미나, 공부 과정, 세미나 간의 네트워킹, 학위논문들과 같은 학적인 논문 지도)
- 장기간: 국제적으로 자료수집 혹은 기존 수집된 자료의 네트워크

홈페이지 / www.iirf.eu 이메일 / info@iirf.eu